孩子的不凡
來自你的
不厭其煩

神老師 & 神媽咪（沈雅琪） 著

推薦序

神老師的溫度不只暖孩子的心，還療大人的傷

諮商心理師／暢銷作家／臺灣NLP學會副理事長　陳志恆

我是神老師粉專的忠實讀者。神老師的每篇文章，多是記錄生活點滴，特別是與班上孩子們互動的故事。在平實的文字敘述下，我總會莫名感動。

我常想，神老師有什麼過人的魅力，為什麼文章如此受人歡迎？

我逐漸領悟到，讀神老師文章的人都是大人，看的雖然是與孩子互動的故事，卻有種內心傷痛一併被療癒的感覺。

那些傷痛，常來自於小的時候，在學校裡沒有被善待——可能是，被同學欺負、被師長誤會，或者在學習或人際關係中受挫。也有更多傷痛，是來自於家庭的成長經驗，被父母苛責、數落，不被支持、不被關心，甚至，被漠視。

而神老師面對犯錯的孩子，卻是不懲罰、不訓話，只是叫來座位旁邊，關心孩子是否遇到困難，提醒孩子可以怎麼做，或者苦口婆心地與孩子討論待人處事的原則，她重視孩子們內心的感受，把每一件小事都當成大事來處理。

這些，都是長大後的我們，好渴望從小就被對待的方式呀！

在神老師行雲流水的文字中，你會不小心誤解，做到這些這對她而言似乎不費吹灰之力。事實上，要在校園裡像神老師般對待學生，需要有過人的耐心、平穩的情緒、細緻的敏銳度，同時還需要滿滿的正義感，能扛得起外界的閒言閒語。

同時，神老師並不完美，她也從不認為自己有多麼堅強。不論是擔任母親或老師的角色，她也曾無力、沮喪、脆弱與自我懷疑，在職場上也會感到委屈或憤怒。

然而，神老師是個懂得反思與覺察的人。當她意識到自己的狀態不好，她會試著調整自己並善待自己，她會肯定自己並對自己信心喊話。她知道，當她找回力量後，就能繼續發光，持續照亮身旁的人。

我常閱讀並分享神老師的文章，是因為神老師在教室裡的做法，與我的理念不謀而合。她不給學生罰寫，而是去探究孩子的學習困難；她會要求學生遵守規範，但不苛責沒做到的學生，而是去察覺孩子的不得已，並與學生一起討論想辦法，或給予孩子更寬容的空間。

她知道，大部分課業學習落後，或無法配合生活常規的孩子，都有其困難之處；大人要給予的是協助，而不是用懲罰加深其痛苦。

神老師就是如此老老實實、徹底實踐這些理念，堅持有效、有益且有價值的教育行動，反覆落實。

而這一本《孩子的不凡，來自你的不厭其煩》，收錄的正是神老師與孩子相處的故事；每一則讀來，都令人感到溫暖與感動。像神老師般堅持做對的事情已經不容易，而且要重複做、大量做，並且落實到細緻處，就得「不厭其煩」。

謝謝神老師的文字與不厭其煩，不論大人或小孩，都得到救贖了。

推薦序

眾神圍繞，讓孩子的人格更完整

王意中心理治療所所長／臨床心理師　王意中

這二十幾年來，從事兒童青少年心理諮商與治療，讓我深深感受到一件事。大人如何看待眼前的孩子，往往也決定了身旁的孩子如何看待自己。

在教學現場上，在班級經營中，老師難免期待教室裡的孩子們「好教」。如此的好教，讓我們免於傷透腦筋，不需要額外再付出時間，最好是一個口令一個動作。所有的孩子能夠服服貼貼，學習能保持在最佳的狀態。但往往事與願違，每個孩子的身心特質存在著個別差異，家庭環境與父母效能也不盡相同。

說話並不是孩子擅長的事，孩子不說，不表示孩子沒事。大人眼中的小事，往往是孩子心中的大事。每個孩子都有需要被了解、接納、同理、尊重等需求。

我們可以自我覺察，面對家中或班上的孩子，伴隨著各類型的身心障礙、特殊教育需求。當下我們的認知想法、情緒感受以及行為反應的適切性。

對於眼前孩子的批評、指責、謾罵、揶揄、抱怨，不只無法解決眼前的問題，更是在有形無形中，改變了孩子看待這個世界以及自己的方式。

當孩子的認知因此扭曲了，總是帶著負面的眼光看待這個世界，生命的美好將離這些孩子漸行漸遠。你忍心讓孩子如此這般嗎？

你相信，孩子身上具備了散發光芒的能力。從你的眼中，口中，實際的行動上，也漸漸的讓孩子看見了，自己身上的能力，以及存在的價值。

我們在孩子身上，看見那一道光，閃耀著孩子的良善、純真、專注、堅持、體貼等特質。孩子也將不吝於展現出他的光芒與我們同享。

每每在神老師的文字中，在在讓我看見了，每個孩子都是獨一無二、完整的，需要被愛與陪伴的獨立個體。

在神老師的眼中，孩子們可以免於讓自己陷入糟糕的窘境。或如果有些言行舉止需要修正、改善，也讓孩子們心悅誠服願意調整。

如同在殘酷的社會中，現有校園生態裡，對有特殊需求的孩子們來說，更是需要被合理了解與對待。而神老師的角色與實際行動，也讓我們看見了身為「老師」的各種可能性。

別讓自己畫地自限，與孩子關係只停留在學科、考試、作業、測驗上，如此的窄化。而是讓孩子深刻的感受到，老師對於自己在生活、學習、人際、感情、關係、未來等關心、陪伴與引導。

在神老師的身上，不只看見了「輔導」與「特教」的專業。更令人感佩的是，身為一個真正的人，對於任何孩子的接納與賞識。讓孩子們在現實相對弱勢的情況下，不至於感到孤單。

《孩子的不凡，來自你的不厭其煩》讓孩子的身旁，能夠有幸，有緣，多了一位又一位的神老師、神媽咪，當然也包括神爸比。在這麼多有愛的神大人的陪伴、圍繞下，我相信孩子們的人格終將更加完整。

作者序

封面故事

妹妹七歲上國小的那一年，參加了人生唯一一場體操比賽。當教練詢問我們要不要參加時，我驚訝極了，因為她都只能降一級入班，只能勉強完成動作，怎麼能去參加比賽？教練問我：「妳覺得劭涵這輩子有沒有機會上台？這就只是一個比賽，讓她去挑戰一下，完成每一項她都會的動作。」

我們努力了好幾個禮拜，每天放學就到台北去練習。比賽當天成績公布出來，妹妹那一隊得了第四名，她開心地上台領了兩張獎狀。比賽時她都有把動作完成，可是動作都不漂亮，每一項的個人成績她都是全場最後一名，不識字的她不知道自己是最後一名，只沉浸在上台領獎的喜悅裡。

一個從小全身肌肉張力不足、拿過中度肢體障礙手冊的孩子，透過早療、復健、體操課，竟然能夠完成這些動作，那不只是一場比賽，是我們長期努力的成就。

比賽結束，教練才告訴我，那比賽一隊有六個人，只取五個成績，雖然妹妹的成績都用不上，可是教練讓其他五個厲害的孩子帶著妹妹去挑戰自己，給她肯定自己的機會。

教練可以選一個更厲害的孩子去加分，可是卻給了這個最後一名的孩子一個舞台。

我們在體制內、學校裡，有沒有機會讓最後一名的孩子上台？

在這個成績至上的環境裡，最後一名的孩子有沒有機會？

再差的孩子，都是班上的一份子。

當我們帶著孩子只在乎成績的時候，那些成績差的孩子，就會被排除在外。

在全班都沉浸在得獎的喜悅時，那個不能上場的孩子，心裡會不會在滴著眼淚？

所有人回想起童年的那一場勝仗時，那孩子回想起的，是被踢出去的傷痛。我們學校的大隊接力，是用人數最多的班級為基準，男生最多的班級有十二個人，這個年級男生就取十二棒，其他兩個班級都是十個人，就再抽兩個孩子出來跑兩趟。每個孩子都有他專屬的位子，沒有任何一個人會被排除在外。

真的遇到不能跑的孩子怎麼辦？

那一年我班上有一個腦瘤的孩子，平時近距離可以自己慢慢地走路，只要遠距離或是去戶外教學，我們就推輪椅帶他去。那一次的大隊接力，我問他要不要參加，他開心地問我：「我也能參加嗎？」我告訴他當然可以。比賽當天我推著他的輪椅接最後一棒時，全班都跟在後面跑到終點，我們當然得了最後一名，但是沒有人介意這個名次。

如果要排除最後一名，這個班級才能得到第一名，對所有的孩子來說，這是什麼樣的教育？當自己的孩子是這個最後一名，也願意讓全班把他踢出比賽之外嗎？

既然是教學，就該帶著所有的孩子一起參加，在賽前、行前如果做好充足的準備、探路、人員的安排，哪有孩子去不了的地方？只想著要怎麼讓孩子順利地一起去，而不是把辛苦的孩子排除在外。只有不想解決問題的人，沒有解決不了的問題。

我們為了要讓孩子融入群體，一直努力地做著融合教育，替這些辛苦的孩子想想辦法，就能避免在孩子心裡留下遺憾。他們要麻煩一輩子，我們那麼多人一起想想辦法，一點也不困難。

我們應該在乎每個孩子的權益，應該在團體活動時把每個孩子都考慮進去。妹妹在四歲時領了肢體障礙的手冊，透過六年的早療、體操的訓練，她參加了體操比賽、國小時參加了每一場學校辦的接力賽跑。我們要給孩子機會、替孩子想辦法，而不是把困難的孩子排除在外。

目錄
contents

Chapter 02

教室外，愛與陪伴不終止

Chapter

03

只有愛，能化解所有的障礙

Chapter 04

做一道照亮自己也照亮別人的光

Chapter

01

每一件教室裡的小事，都是大事

把小事當大事處理

午休時，我才跟輔導老師在門口討論沒多久，轉頭就聽到有孩子哭了。一問才知道，他在旁邊看同學玩桌遊，卻一直下指導棋，同學要他走開，還推了他一把。

我問推人的那個同學：「為什麼叫他走開？」同學說：「他就很煩呀！在旁邊一直說，叫他走開又不走！」我問：「因為他很煩，你就能叫他走開嗎？那以後如果有人覺得你很煩，是不是也可以叫你走開？也能推你？」同學回應：「不行！」於是我說：「你很煩的時候同學不能趕你、推你，那你為什麼可以趕人、推人？」同學說：「因為他很煩！」

他氣呼呼的，很不甘願，於是我說：「你在氣頭上糾結這一點，真的會氣到沒完沒了。」

「他很煩沒錯，但是你不能動手推他，這是不能犯的原則！」

我讓孩子先回座位休息，等氣消了再來討論，但孩子還是很氣，「我們不是討論完了嗎？」我說：「還沒，等你喝點水，情緒穩定一點，再好好想一下，想法可能就會不一樣，到時我們再來討論。」

我和孩子們分享自己坐高鐵的經驗。「我非常怕吵，每次坐高鐵簡直都快瘋掉了，有遇過邊追劇邊大笑的、玩手遊砰砰砰吵不停的、小孩在旁邊座位爬來爬去大聲尖叫的、旁邊乘客打呼震耳欲聾的、吃東西呼嚕呼嚕的、跟臨座乘客聊天聊得很開心的、講電話用吼叫的……還有最噁心的，是遇到光著腳丫去磨蹭前座置物網的人。

「請問大家，你們覺得老師可以怎麼處理這件事？叫他們走開不要坐我旁邊嗎？」

有小孩舉手，說可以自己換位子。我說：「這是一個方法，但是高鐵是對號座不能隨便換位子，自由座又在第十到十二車廂，你如果坐第一車得要走很遠呀！而且有時連自由座都是客滿的，你要站幾個小時？」有小孩說：「請列車長幫忙！」我說：「對，可以去找列車長來勸告他手機要關靜音、要小聲說話。這樣做對一般人通常有效，而如果他的狀況沒有改善，列車長應該會有其他方法處理。

「除此之外，老師還會準備耳機，當旁邊的人很吵，我就戴耳機聽音樂，這樣可以隔絕掉大部分的干擾。除非自己開車，只要搭乘大眾交通工具，就沒辦法避免遇到旁邊很吵的人，因此除了這些方法以外，還要學會忍耐，不可能所有環境都符合我們的要求。有時候別人也很無奈，例如小嬰兒哭鬧停不下來、剛好有重要的來電只能接聽。

「在高鐵上，如果你叫別人走開，可能雙方就吵起來了；若動手推人也可能會造成對方受傷，會觸犯法律。我們要體諒別人，在我不得已干擾到別人的時候，也希望旁邊的人能體諒我。

「在這個教室裡，有遇到自己無法處理的事情都可以找我，如果別人吵到你，你可以來找我這個列車長幫忙，我一定會問清楚，請他不要發出聲音干擾你們玩桌遊，但是你不可以吼他，也不能動手推人，這是原則。」

另一方面，我也私下把被推的孩子找過來，當我問他為什麼惹同學生氣？他說：「因為我一直在旁邊說話。」我說：「如果你在寫功課、玩樂高的時候，老師在旁邊一直唸，一直教你怎麼組裝，你會不會不開心？」小孩點點頭。「一定會吧？他知道怎麼玩，不需要你教他，而且他跟你說了好幾次要你安靜對嗎？你還繼續唸，他當然會生氣。」我請他以後避免這樣的行為，當看別人玩的時候，可以問問看能不能加入，如果只是在旁邊看，就不能發出聲音或動作去干擾別人。

在教室裡的小事，都要當作大事處理。孩子當眾被吼不處理，那麼所有人都可以吼他，只要不喜歡別人就能大吼；動手推人不處理，肢體上的糾紛就會不斷發生；不知道怎樣跟同學互動相處，就會常常跟同學產生摩擦，影響人際關係。雖然處理這些小事要花很多時間，但是觀念建立了，孩子之間的摩擦就會越來越少。

我在教室裡都在處理小事，因為小事處理完了，就不會有大事。

不要急著處罰孩子

常常直到中午要吃飯時，才有孩子發現自己沒有帶餐具，趕緊來告訴我：「老師，我忘了帶碗……」「老師，我忘了帶湯匙！」因此我在教室裡準備了兩個大碗和湯匙，只要有孩子忘記，就借給他們使用，但條件是自己要洗乾淨了才能還給我。

記得弟弟國小一年級才開學第二天，第一次在學校用餐卻忘了帶餐具，老師則說不能借，連雙筷子都不願意借給他，他只好跟同學借便當的蓋子當碗，把雞腿咬一口當湯匙。回家後他跟我說了自己中午吃飯時的狀況，我又愧疚又難過，怎麼就忘了他要在學校用餐呢？

只是，不就是忘了帶餐具，這是連在高年級班級都常有的事，沒有那麼罪大惡極呀！

還有一次，在放學前一節課巡堂時，我發現孩子的餐袋下方滴了很多湯汁，就請孩子拿抹布擦乾淨，他旁邊的同學怕他被罵，趕緊跟我說：「老師，他其實每天中午吃完都有擦餐盒，今天大概忘記了吧！」我說：「沒關係，忘記了補擦就好。」之前我就發現他的餐袋破了，要他換一個，他都跟我說：「我有跟爸爸說，但是爸爸都沒有買。」於是我拿了一個餐袋送他，也提醒他吃完飯要把餐盒的湯汁擦乾，才不會弄髒餐袋。

還有一次我們在教室做早餐，我買了吐司、帶了熱壓吐司機，請孩子們自己帶果醬或配料來做早餐。我清楚有孩子可能會忘記帶或是家裡無法準備，所以也帶了瓶果醬，讓沒有帶的同學也能抹上甜甜的草莓醬，後來我果然看見那孩子排了好長的隊伍，在吐司上抹了果醬後放進吐司機中，自己做好後拿來找我，說要拍照給媽媽看。

這幾天天氣超冷的，看見那孩子進教室時只穿著薄薄的T恤，走路上學時當然不冷，但是一靜下來就會冷得發抖，我問他：「你不冷嗎？」他抖著說：

「不會。」我還是拿了件外套給他，結果說不冷的他緊緊穿著，一整天都捨不得脫掉。

看見孩子的困難、照顧孩子的需要，不要因為家庭的無助而處罰孩子。有很多孩子的家庭沒能提供妥善的照顧，很多狀況的發生是在提醒我們這個孩子需要幫助。當孩子遇到困難時，我通常會提醒家長，提醒後如果沒有改善，我會帶著孩子面對問題、解決問題、適應團體生活，而不是解決陷入困境的孩子。

不要急著處罰孩子呀！我們有很多方法來處理突發狀況，幫助孩子解決問題，但是一定會有比羞辱孩子更好的方法。

用愛擁抱需要被愛的孩子

幾年前一個冬天的早上，我照慣例七點半就到學校了，悠悠哉哉的正在吃早餐，那孩子進教室後抄了聯絡簿、交了作業，把事情都做完了。

我正讚嘆著這孩子從五年級到現在進步很多，都不需要提醒就能把該做的事情做好，他卻靠過來跟我說：「老師，我跟妳說，我阿嬤今天早上跌倒了，坐在地上都起不來，我也拉不動她！」不到一百五十公分的他怎麼可能拉得動阿嬤？我嚇一大跳，「你怎麼現在才說？阿嬤現在呢？家裡有沒有人？身上有沒有鑰匙？」

阿嬤的身體狀況不好，光是脊椎就開了好幾次刀，以為已經結束的療程又復發……我立刻打了手機、LINE給阿嬤確認狀況，但阿嬤都沒有接，腦中頓時好多畫面。我趕緊聯絡輔導老師，早上的每週校務會議先跟校長請假，把班上孩子安排好，我和輔導老師立刻出發開車去阿嬤家，想著先去看看狀況，如果有需要再打一一九。

按了好久的電鈴，阿嬤終於來開門了，看到阿嬤可以站起來開門，我和輔導老師都鬆了一口氣。「阿嬤，妳有沒有怎樣？我們送妳去醫院好嗎？」阿嬤說她沒事，只是早上一下子要起來，頭暈就往後坐下去，手和腰比較痛，其他的地方都還好。我們請阿嬤手腳都動一動，看看有沒有哪裡特別痛，或是不能動？看起來阿嬤可以走動，骨頭應該沒事。

阿嬤一個轉身要去拿東西，身體又晃了晃，但阿嬤堅持不去醫院，我們趕緊請她躺下來好好休息，如果有任何狀況立刻打電話給我們，到這裡開車只需要兩分鐘，我們很快就能來幫忙。

我們擔心她，她口裡說的還是擔心孩子，「今天放學後要帶孩子去醫院回診……」

我跟阿嬤說：「這兩天基隆又濕又冷，剛起床一定要坐在床邊幾分鐘再站起來，才不會一下子站起來頭暈；房間和客廳的溫差太大，要穿暖和一點！孩子已經六年級了，我們要教他遇到這樣緊急事件時的處理方式。」在電話機旁記下幾個可以聯絡的電話號碼、我的電話，寫上地址。拉不動至少還能求救，告訴他什麼樣的狀況下要打一一九比較直接，並在孩子的書包裡放一支鑰匙……

平時的教育要做好，孩子遇到狀況時才不會慌亂不知所措。

雖然緊急去察看阿嬤的狀況不是我們的工作，但是真的擔心也捨不得跟孫子相依為命的阿嬤，要緊急聯絡誰都比不上我們自己去來得快，那一刻我想到的不是責任的歸屬，而是需要協助的阿嬤。

相依為命的阿嬤和孩子我們資助輔導了六年，他們不只是我們的學生和家長，更像是朋友和親人。

我們沒有白跑一趟，請假二十分鐘確認阿嬤很安全，我覺得我和輔導老師做得棒極了！

那小孩畢業的時候哭得撕心裂肺，「沒有你們我怎麼辦呀！離開長樂我怎麼辦呀！」哭得大家眼眶都紅了。我們從小看顧到大的孩子，捨不得也要放手讓他飛。

我們無法改變他的障礙、無法改變他的家庭，但是可以給他友善的環境和滿滿的安全感。

別讓孩子在不適合的地方受苦

每次看到學習障礙的他坐在教室裡毫無學習動力，不管做什麼都要提醒，全班閱讀時他都呆坐在位子上，我就覺得心疼。錯過了這麼多年的鑑定安置，今年終於可以替他安排，但也要等到下學期潛能班才能幫他排課了。我一直在想，如果他從小一開始就能得到該有的幫助和特教資源，現在會不會不一樣呢？

從我家妹妹身上，真的能夠看到環境給的能量。升上國中後，妹妹班上每個星期都有烘焙課和木工課，只有十一個孩子上課，卻有兩位老師和助理員在旁邊協助，每個孩子都是主角，都要動手操作。

如果她現在在普通班，即使有烘焙課，一班二十幾個孩子分組操作，分組的時候她可能會選不到組，分組活動時輪不到她動手，因為同學會擔心她不會做，她也覺得自己不會做，就只能在旁邊看。可是在特教班裡，她每一堂課都能擔任重要的工作，做每種作品時的每一個環節她都能盡情地嘗試。

有一次她的國語作業是老師帶著他們去觀察鴿子，老師寫成一篇文章後，把生字放在文章中，讓她去描寫認識，因為印象深刻，所以她能在文章中立刻找到鴿子兩個字。其他的作業，老師應該很清楚她無法識字寫字，所以大部分是仿寫描寫，讓她可以獨力完成作業，不需要纏著我要我寫給她看，擔心自己不會寫該怎麼辦；沒有期中考試，她不需要一直在意自己極低的分數。

不用時時刻刻為她天生的障礙愧疚。

這樣的學習模式給了她很大的自信，老師信任她能完成，她相信自己有能力，從自己的作品裡得到很大的成就感。才上國中短短三個月，她從以前什麼都說我不會，到現在告訴我：「媽咪，我來幫忙。」

上禮拜去演講時，有一位家長問我：「如果孩子明顯需要幫助但是沒有去鑑定，學校沒有相關的資源和配套措施嗎？」答案是：「沒有。」當一個孩子沒有確認身分、沒有就醫，連疑似生都不是時，老師沒辦法為孩子申請特教資源，而一個需要特殊服務的孩子就這樣放在普通班裡，承受著他無法改善的狀況和壓力。

別擔心受資源班服務、讀特教班的標籤，一個孩子在班上完全聽不懂也跟不上，可能是更大的傷害。

讀什麼班都是過程，最重要的是這些過程的累積會影響他的人格發展、待人處事的態度，當他在長久的學習中無法被接納、沒有成就感時，他的自我認知低落，也沒有自信。相反地，在這個他遊刃有餘的環境裡，他會得到很多的成就感。

在這樣的環境下學習的孩子，能保有學習動機，從無法識字、寫字到現在可以部分閱讀，是不是進步很多？

給孩子適合的標籤、適合的學習環境，別讓他在不適合的地方受苦。

抱怨就像髒抹布

每天打掃時，孩子總拿著他擦過櫃子的髒抹布給我看，「老師妳看！這個櫃子這麼髒！」十分鐘之內給我看了三次。我點點頭當作回應，這舉動似乎鼓舞了他，他趕緊繼續擦，甚至擦到小昆蟲時還急忙地拿給我看。

我想起他阿嬤說過，這個孩子很希望能跟別人互動，如果他說話時別人不聽，他會很難過。亞斯的孩子往往不懂，為什麼大家都不想理他。

整整一個禮拜，我每天都要看髒抹布無數次，於是我跟孩子說：「你很想跟我分享你努力擦櫃子對嗎？」「但是你覺得我看到髒抹布會開心嗎？而且你經過一次就要我看一次，今天我已經看了三次，是不是就不開心三次？」「有時候老師在忙著處理事情或改作業，當你跟我說話時，我就要趕快抬頭，結果卻看到髒抹布，實在是不太開心呀！」「同樣的事情也許跟我分享一次就好，也可以分享其他開心的事喔！以後你每天都可以來跟我分享一件你覺得很重要的事，好嗎？」

以前有一位朋友常常會私訊我，每一次都抱怨人生不公平、老闆對他不好、工作不順利、他的臉書沒有人看、按讚數越來越少。就跟他傳給我的內容一樣，他的臉書也都在抱怨，有時還會在上面罵網友現實，明明是好友卻不來看、不幫忙分享。我婉轉地告訴他：「其實有時候也能寫些開心的事。」他卻生氣地說，臉書是他的個人空間，愛寫什麼別人管不著，不愛看就不要來，他不稀罕。這就對了，你寫你想寫的，別人選他想看的，沒有衝突呀！

抱怨就像髒抹布，剛開始還會有人教你怎樣洗抹布，怎樣才能讓抹布洗得乾淨，還有人會勸你換一條抹布，或是換個不需要用抹布擦東西的工作。但是時間一久，沒有人想每天看到髒抹布，這麼多人教了你洗抹布的方法，你卻堅持要用同一種方式，不高興時還會責怪別人干涉你的方法，那麼當旁人看到出意見的人會被罵，誰想自找麻煩呢？

我告訴朋友，不需要去迎合所有人，但如果你很在意有沒有人來按讚，就可以考慮改變發文的方式和內容，而如果你不在乎，那就沒差了。

夫妻之間也是，如果其中一個人每天都在怨天尤人，讓人無法忍受的習慣都不改，說出來的話總讓人不舒服、讓人心生厭惡，那麼要如何親密地相處？

每個人都有自己的辛苦和需要費心處理的問題，但能解決人生困境的只有自己，抱怨只會把身邊的人越推越遠，不如把時間用在解決問題、發現生活中開心的事，這樣你就會發現花若芬芳，蝴蝶自來。

可以喜歡，但必須尊重

五年級的孩子情竇初開，誰喜歡誰的消息傳來傳去。我們只會告訴孩子你們長大了，卻很少教孩子怎樣表達內心的喜愛。

國中的時候有一個學長喜歡上我，我連他的名字都不知道，但是我們住在同一個社區，他每天放學就跟在我後面，一邊走一邊跟同學笑鬧，我可以很清楚地知道他就在後面。有時他會看著我進家門，然後爬上我家獨棟兩層樓的樓頂，在我二樓房間的正上方踏踏腳步，讓我知道他在上面；有時爬到我房間對面鄰居的樓頂，趴在圍牆上直直看進我的房間，對著我的窗戶唱情歌。

有一次我到樓頂，赫然發現他在地板上用粉筆畫了好多不堪入目的A圖，上面標註了我和他的名字，那一刻我真的好驚恐又羞愧。當時才國一，第一次看到這樣的圖，簡直嚇死我了，從此看到他就覺得恐懼，在房間裡隨時覺得被監視，不知道在樓上還是在對面，總有一雙眼睛在看著我。

他還會透過同學來跟我借課本，我並不知道是他要借，拿回來後，發現課本上畫了滿滿的A圖，還標記我和他的名字。經過他們教室的時候，他的同學會起鬨大聲叫囂，讓我尷尬極了。

那時，有一個同學喜歡一個國三的學長，她寫了情書給學長，結果情書被貼在布告欄，最後同學和學長都被罰站在訓導處門口，一時之間成了全校的笑話，所以我根本不敢把自己遇到的問題告訴老師。

爸爸管教我們很嚴格，有一次，爸爸看到他在樓頂畫的圖，氣急敗壞地想打我，問我為什麼學長會這樣畫？他為什麼不畫別人？問我是不是在學校做了什麼？為什麼他會在樓頂上唱歌？我有苦難言，我怎麼知道他為什麼只畫我，我也不願意呀！因此就算他跟著我，就算他又到對面樓頂盯著我，我也不敢告訴父母，生怕他們生氣。

不知道持續了多久，我每天生活在恐懼中，窗戶只能二十四小時緊閉著，看到他跟在後面也好害怕，不知道他會不會真的對我做什麼。

有一天，我終於鼓起勇氣，告訴他這些舉動讓我很困擾、反感，也讓我成了同學的笑柄，好幾次都差點被爸爸打，我問他可以停止嗎？還好他後來就放棄了，也沒有其他報復的舉動，但是這段過程已經讓我留下很深刻的陰影。

這段追求，我沒有感受到一絲浪漫和開心，只有厭惡和恐懼。

我跟孩子們說：「喜歡一個人是正常的，我們會欣賞某些人的特質，但是你的喜歡必須要尊重對方，用跟蹤、偷窺、緊迫盯人的方式只會讓人厭惡和恐懼。」「如果遇到有人用你不喜歡的方式追求你，請你告訴我、告訴父母，我們會幫助你。如果長大以後遇到這樣的人，一定要很小心，避免獨自出入，必要時要跟家人求助，甚至報警。」

令人恐懼的愛不是愛，是違法的行為，只在乎自己的慾望而不在乎對方的感受則是自私。我們都需要教育孩子，在喜歡一個人的同時，要尊重自己也要尊重對方的感受和意願。

讓孩子知道自己做得到

剛開學時，看到某個孩子的作業，我都要深呼吸一口氣，因為凌亂不說，還幾乎錯誤連連。我把他找來，要他訂正，卻發現他連訂正字都寫得歪七扭八的，我因此知道，他寫得亂，可能不是故意的。我要他一筆一劃慢慢寫，他才終於寫出一個比較工整的字。我問他：「如果老師減少你的功課，你能寫慢一點、寫整齊一點嗎？」他說可以。「那我們每行先少一個字，如果有比較整齊，每行再少一個字。」

接下來，我發現這個孩子完全沒有動力，做任何事都等著老師下指令，當大家在寫習題時，他就在位子上放空，小日記一個字也寫不出來，更別說是作文了，呆坐兩節課完全空白，即使一個字一個字唸給他聽，他也寫得錯字連篇。

我找他來訂正，挑出其中一個寫得整齊的字誇獎他：「哇！這個字你寫得很整齊耶，原來你的字可以這麼漂亮啊！」「你教教老師要怎樣才能寫這麼漂亮呀？」他一臉正經地說：「就認真慢慢寫。」「原來是這樣，那你可以再教我寫一個漂亮的字嗎？」他說可以，又寫下一個漂亮的字。

每天挑出漂亮的字誇獎他、用各種名目替他減少作業，這些大概讓他慢慢有了自信，他的字越寫越整齊。他的數學還不錯，計算能力和學習能力是正常的，交數學作業來給我批改時，我也誇獎他：「哇！你的數學一定是強項，一次就對了這麼多題。」等他訂正完，我就塞一包餅乾給他，「老師覺得你認真寫、認真訂正，很值得獎勵，這包餅乾要跟你分享。」或許是被鼓勵後有了成就感，他的數學作業從來不曾空白，只要發還，總是立刻訂正完拿來給我看。

我發現他不只在學習上進步了，就連打掃也掃得很認真，掃完自己的還會去幫忙別人，我也誇獎他：「你很會掃地耶，掃得很乾淨！」

有一次在陪他訂正時，他突然說：「妳好像我媽媽喔！我媽媽以前也是這樣陪我寫功課，但是她沒有妳這麼高又這麼胖……」後面那句其實可以省略喔！

我再問他：「你媽媽現在在哪裡呢？」他說：「我媽媽回去越南了，很久會回來看我一次。」

沒有媽媽在身邊照顧，單親的爸爸又早出晚歸忙著工作賺錢，他還能每天準時到校、繳交作業，他已經盡全力了吧！希望我這兩年的陪伴，能讓孩子累積成就感與自我肯定，並找到努力的方法。

面對學習能力低落、錯字連篇的孩子，不該一味處罰，而是要挑出他做好的事努力誇獎，明確肯定他做好的地方，讓孩子知道自己是做得到的。

祝福我自己和所有老師們，都能成為孩子生命中最盡責的過客。

陪伴孩子不能等

帶著孩子們寫作文，班上的孩子都寫了一大半了，那孩子卻一個字也沒動。我問他怎麼不寫？他皺著眉頭說：「我不會。」我說：「想想看你為什麼選這個人寫？可以寫跟他一起出去玩，他怎麼照顧你、他帶你去哪裡吃飯？從小到大你和他在一起的時候，有哪件事情是你印象很深刻的？」

他想了很久，還是無法下筆，我問他：「你是不知道要寫什麼，還是字不會寫？」他說：「有好多字不會寫……」我告訴他：「不會寫的字，你可以用注音，先把你想到的寫下來，我們再來想辦法把字填上去。」

他說：「可是我們沒有出去玩，都在家裡吃便當，他回家以後，都躺在沙發上玩手機，我們也很少說話。」

我可以想像上班一整天後的疲累，回到家只想放空，但是我們最累的時候，剛好是孩子們累積經驗和回憶的重要時刻。孩子對於沒有看過的美景寫不出來，沒有出遊沒辦法回憶，想不起任何一件跟家人的互動值得紀念，記不得哪一句話讓他印象深刻。

因為記憶貧乏，他在作文紙上寫不出任何一個字。

我又想了些問題引導他，他終於開始動筆，勉強寫了幾行，但不是寫注音就是寫錯字，只能用內容去猜測每個字的意思，如果真要圈出錯字，大概整篇都會是紅字了。我問他：「你會打字嗎？」他說不太會，那就必須再找時間教他打字，這樣除了會寫注音，如果他能選字，就多了一個能力。我跟他說：「老師先按照你寫的寫下來，再讓你抄在稿紙上，這樣好不好？」

先求有，再求好，先讓孩子知道怎樣用文字把心裡的話寫出來。

剛處理完他的作文，下課正要改作業時他又來了。「老師，妳教我數學好嗎？」看他算數學很療癒，因為他的心算很快，公因數、倍數幾乎不用計算就能寫出答案，但是一遇到應用題，他無法讀題就卡住了，而當我逐題說明後，不到十分鐘，他的數學作業就完成了。我說：「你的心算太強了！這樣看一看，答案就寫出來了，你是數學專家吧！以後你每天都找時間來找我做數學作業，老師帶著你寫，是不是很快就寫完了？」

總是皺著眉頭的他，帶著大大的微笑，抱著數學作業跳回座位上。這大概是他喜歡找我寫數學的原因，因為能從中得到很多讚美和成就感。

在種種的缺點中，我看到的只是一個習慣無助和放棄的孩子。作業沒有人搶著改，可以等一等再改，但是孩子的陪伴不能等。

他犯的錯，可能是他的需要

我遇過一個孩子，她每天帶一百多枝筆到學校，資源班老師覺得這樣實在太重，陪她一起整理可以用的筆，約好一天只帶十枝筆。

有一天，資源班老師氣呼呼地來找我，「沈老師，她答應我一天只帶十枝，但只有來資源班的時候是如此，剩下的兩大包還是每天帶著放教室，超重的！我該怎樣處罰她？」

我跟他說：「我們了解一下，她為什麼必須千方百計帶一百枝筆？她的鉛筆盒裡面都是什麼樣的筆呢？」

那位老師說：「我有跟她一起整理過鉛筆盒，裡面大概至少有一半都是不能用的筆，斷水的、漏水的、缺頭缺尾的、沒筆芯的。帶這些爛筆要做什麼呢？」

在我們班上，好多孩子會帶很多筆，尤其是家境富裕的孩子。一個光鮮亮麗的女孩在整個鉛筆盒裡放著滿滿的各式各樣的筆，每枝筆都很昂貴，其他孩子會羨慕很正常。但是這孩子家境貧困，不能帶好筆，至少數量可以看起來很多，她塞滿兩大包，會不會是覺得這樣就能跟其他孩子一樣？覺得自己很富有？我想這可能也是她喜歡文具的原因。她看似奇怪的行為，隱含羨慕、模仿、從眾、跟隨等種種問題。

「我們不要想著怎樣處罰她，一起想想怎樣滿足她？」既然已經跟她約定好每天帶十枝，那能不能在她有好表現的時候告訴她：「妳今天功課都寫完了，而且做得很好，明天開始可以帶十二枝；妳今天上課很認真，有參與討論，明天可以帶十五枝。」你覺得她在選這些筆的時候，是不是很有成就感？

我們在她努力後可以兌換的「獎品」中，多放些漂亮的筆，讓她用自己的努力得到想要的東西，會不會讓她更努力？

如果只專注在孩子的錯誤上，我們就會忽略問題背後的原因，看不到孩子錯誤行為後的需要和匱乏。

教出自動自發的自律

一位科任老師午休時經過我們班級，他非常訝異，「你們班怎麼會這麼安靜？」睡覺的、看書的、寫作業的，孩子們各自做自己的事，完全沒有人說話跟走動。科任老師說我們班上科任課時很自律，發言踴躍，專注力也很夠，幾乎沒有孩子會聊天或做其他事。

其實不只是午休，早自習也是這麼安靜，這兩段時間都是屬於孩子自己的。球隊、資優班或直笛隊的孩子，只要把教室內的工作做完，就能離開教室各自發展，留在教室的孩子也可以自己選擇想要做的事。我規範他們要在早自習和午休前先想好這四十分鐘要做的事，可以專心看書或寫作業、訂正，但盡量減少走動和交談，以免打擾到其他人。

我會每天盡量排一節閱讀課，讓孩子完整閱讀四十分鐘，不只增加閱讀量，也讓孩子學習專注、耐性和穩定。

除了上廁所以外，所有時間我都會待在教室裡。早自習和午休時，我會找幾個孩子來訂正或完成作業；下課時，有些孩子會去中庭打球、去遊戲場玩耍、在走廊聊天，留下的幾個孩子在教室裡看書或寫作業，我會鼓勵他們也去外面走走。

上科任課的鐘聲一響，我就在走廊上等他們集合，要求他們不要遲到讓科任老師等待，並提醒他們去洗手，帶外套、水壺和上課需要的東西，等全班到齊後，跟他們說再見。只要我在走廊等著，就沒有人拖拖拉拉。

這是我們一起養成的作息，不需要罵人、不需要吼叫，所有孩子時間一到就知道這個時間和場合該做什麼、能做什麼。

好動的孩子能去球隊練習，接受教練有系統的訓練；下課時孩子就出去跑跑跳跳、動動筋骨，發洩過多的體力；午休時疲累的孩子能小睡一下好好休息，晚上要補習的孩子也能提早完成作業。

五年級的孩子剛開學的時候，是養成習慣最關鍵的時間。剛開始從中年級各班升上來的孩子們，狀況通常很多，但只要不斷提醒、按部就班調整，持續一陣子後，幾乎不用管、不用唸，班級的常規就能穩定下來。

規律的作息、穩定的情緒、被滿足的好動、尊重他人的自律、晚上補習的孩子不用熬夜寫作業、睡眠足夠，只要這些都做到了，上課就能專注又有秩序。

環境的穩定很重要，自律更是我們教育的目的。

我們沒有嚴厲的罰則，只要讓環境穩定了，孩子就穩定了。

老師是一個班級的靈魂人物

有位媽媽告訴我，每次分組的時候，老師都用「跟她的孩子同一組」來當作懲罰，只要犯錯的人就要跟他同一組。老師說，如果不這樣分配，就沒有人願意跟他同一組了。

我聽了很心痛，當一個孩子被當作「懲罰」，這個孩子在班上的處境會有多麼難堪？他還能撕下「全班最討人厭」的標籤嗎？會不會所有人都懼怕跟他在一起，因為跟他在一起就是處罰？這個標籤，比最後一名還要可怕。

媽媽問我該怎麼辦？如果是我遇到這個狀況，我一定會出面和老師溝通，請老師換個方式分組。這樣的分組方式會不會讓同學更討厭這個孩子？用這個方法沒辦法解決孩子學不會、不懂得如何跟同學相處的問題，反而會讓孩子更加怨恨這個班級。

最近遇到一個孩子，每節下課都在教室裡寫作業，我鼓勵他：「作業什麼時候寫都可以，但是下課是跟同學互動的好機會耶！」「要不要看看下課時間同學都在哪裡玩耍？玩什麼？」可以找平常最熟悉的同學問他：「你們下課都去哪裡玩？我可以參加嗎？」當大家都跑出去玩，你在座位上等不到別人約，就要主動去問、去參與。

如果平常都不跟同學互動，跟同學不熟，那分組的時候可能就會因此落單。那個孩子紅著眼眶，點點頭。

隔一節下課，我在走廊上看到這孩子，雖然知道要找同學，但是他不知道該如何開始。我搭著他的肩膀指著中庭告訴他：「我們來看看同學在哪裡？你看，有一群在那裡打躲避球，有一群在遊樂場玩溜滑梯，你可以問問你熟悉的同學他們下課玩什麼，也可以選你喜歡的活動試著去加入其中一組。」我也找他最親近的同學，請他邀請孩子一起去玩，幫我帶他加入。

教了方法還要去觀察後續的發展和狀況，隨時提醒和幫助。

分組的時候，我會找幾個組長來，事先安排好幾個可能會落單的孩子，讓一組帶一個。我告訴組長們：「你們是老師最好的分身和幫手，老師要拜託你們幫我照顧這些同學，有活動的時候帶著他們，不要讓他們落單。有工作的時候，也分配一些給他們。謝謝你們。」最後我會分送小禮物給小組長們，謝謝他們的幫忙。

只要有有能力、人緣好的同學看顧著，這孩子就不會被欺負和冷落。

教育孩子的方法有千萬種，老師對待孩子的方式，全班孩子都眼睜睜看著，當我們把跟孩子同組當作懲罰，這孩子就會被同學當作瘟疫，看到他就會覺得倒楣，任誰也不想跟他同一組。相反地，用獎勵的方式來鼓勵同學跟他同一組，孩子們就會樂於與他相處，也樂於幫助這個孩子。

教孩子融入群體的方法，是牽著他踏出第一步；教孩子接納與眾不同的同學，帶著他們善用自己的優勢去幫助他人。

沒有人想要學不會，但就是有人學不來。讓全班討厭、懼怕一個孩子，無法改變孩子成績低落和人緣差的問題。老師是一個班級的靈魂人物，我們怎麼對待這孩子，全班就會用這樣的態度對待這個孩子。

和他們談談，比處罰他們有效

通常在下課時，我會留在教室，一邊改作業一邊看著孩子們互動。有一年學生剛升上五年級，下課時聽到某個孩子在跟同學說話，她詢問了好幾遍，但同學們沒有任何人理她，她只好默默離開。

我把其中一個男孩找來，我問他：「你知道為什麼我找你來嗎？」他低著頭說：「因為我排擠她。」「我沒有看到你排擠她，但是她跟你說話你不理她對嗎？你不喜歡她嗎？」小孩說：「其實也沒有，就是不知道要跟她說什麼，習慣以後就沒有跟她講話。」「可是你旁邊圍了那麼多人，她跟你說話你完全不理她，她好尷尬呀！連我坐這麼遠都看到她在等你回答。」

小孩說：「我知道她在跟我要菜單，我當作沒聽到，就直接拿給別人了。」

我：「你好像有點故意吼，你有看到她的表情嗎？」

小孩：「嗯，她看起來有點難過。」

我說：「你有沒有注意到從中年級到現在，其實她進步很多了？如果她這麼努力，還是都沒有人要理她，她會不會很挫敗？你的人際關係很好耶，影響力很大，身邊有這麼多朋友，大家看到你不喜歡她，會不會也跟著不理她呢？她的生活已經很辛苦了，我們都對她好一點，好嗎？」

霸凌、排擠、孤立任何一個孩子都不是突發事件，是生活中很多小細節累積起來的，尤其是人際關係好的孩子，常常能影響整個班級的氛圍，當我們放任他們去任意對待其他孩子時，就等同默認了他們的微霸凌、不經意的排擠、刻意的漠視。

跟孩子聊一聊對人的態度和對自身的影響，有能力的人更應該要去照顧弱勢的孩子，而不是用隨意的態度去對待他人。

下課的時候，停下手邊的工作，就很容易能看見每個孩子互動的方式、人際關係的困境，隨時把孩子找來談，比起發生霸凌時的處罰來得有效太多。

教育孩子好好說話

資源班老師陪在一旁，那孩子眼眶很紅，很明顯剛剛才哭過。我問他怎麼了？他瞬間流下眼淚：「×××說我沒有任何優點。」

原來，這孩子跑去問班上一個同學：「你覺得我有什麼優點呢？」那同學正要準備下一堂的期末考，隨意地跟他說：「我想不出來，沒有。」受到這樣重大的打擊，那孩子就崩潰哭了，完全沒有心情準備考試，只能去找資源班老師訴苦。

雖然下一堂考試近在眼前，但是如果不立刻解決這件事，這孩子就會一直鑽牛角尖，沉溺在沒有優點的打擊中，完全無心考試。資源班老師勸說了很久都沒有用，越勸孩子越覺得委屈，一直哭。這個時候或許誰說什麼都沒用，一定得要重啟對話，讓他洗去沒有優點的那段記憶，他才有辦法放下。

我把兩個小孩找過來，我問孩子：「你怎麼會問他？你跟他很熟嗎？我從來沒有看到你們在一起玩呀！」「你想問你的優點，應該要問我才對，我跟你很熟！我可以說出一大堆你的優點：你的字寫得很整齊、上課很認真、打掃工作做得很仔細、你看了很多課外書，根本就是小百科全書，問什麼都回答得出來，你有好多優點呀！」「可是你問錯人了，他跟你不熟，而且時間很短他沒辦法思考，也想不出來，現在隔了這麼久，他一定想得出來了，不然你現在問他。」

那同學聽得懂我的暗示，立刻說：「我剛剛想不起來，現在想起來了，你的優點是字寫得很漂亮、上課都會舉手回答問題、打掃很仔細……」他說了很多孩子的優點。

孩子破涕為笑，我問他：「你現在知道自己有很多優點了吧！趕快去準備考試，下次這種問題來問我就對了，知道嗎？今天回去在聯絡簿上把剛剛老師說的你的優點全寫下來，這麼多優點不用問別人。」他終於笑著放心地回座位去準備考試。

我把那位同學留下來，我問他：「你看看你，說話這麼直接，有沒有讓他難過很久？」「如果今天換成是你問同學這個問題，同學這樣直接回答你沒有優點，你有什麼感覺？下次臨時說不出來，你可以說我想想看，而不是直接跟對方說沒有優點，太傷人了呀！」

隔天交上來的日記簿，那孩子寫著：「老師和同學說我有很多優點……」另一位同學的日記上寫：「我說話太直讓 ××× 哭了很久，下次說話的時候，我要想清楚再回答，不要讓別人傷心。」

所有教室裡發生的小事都是大事，教育孩子好好說話是重要的事。

從友善和理解開始

一個女孩下課不出去玩，窩在旁邊看我改作業，她問我：「老師，他寫這樣妳怎麼看得懂？」

我說：「妳有沒有覺得他很辛苦？從課本上抄一面作業就有這麼多錯字，他一定很挫敗吧？我看得懂他寫的呀！看久一點，用正確答案去看他的字，就能看得懂。」

她問：「那妳會罰他寫嗎？」我說：「妳好殘忍呀！他光是訂正這些錯字就要花很多時間了，再罰他要寫到天黑啦！這樣要罰什麼？而且我發現很多字即使訂正了，下一次還是會錯，罰寫對他沒有太多幫助。大概跟我家妹妹一樣有讀寫困難吧！但是我覺得他很棒了，如果是我每次都錯這麼多字，應該不想寫了吧！」

看他的作文比較困難，如果只是批改，大概整篇都圈滿紅字，所以他的作文我是靜下心來抄一遍，才知道他在寫什麼，也才發現其實他的語文能力還不錯，字句通順，只是字體凌亂、錯誤很多。

他的字扭曲歪斜，應該是手部肌肉張力不足，寫字比別人吃力，寫得很慢。我跟他約定好：「如果這次的作業你全部寫在格子裡，下一次每行幫你減兩個字，要慢慢寫喔！」為了要少寫，他會盡力把每個字都寫在格子裡面。小考時我讓他拿出課本找答案，至少不要讓他整張空白，一個字也寫不出來。

一個班有二十四個孩子，我很難放下全班的孩子用上課時間個別教他，他的學習明顯有困難，也不是我在課堂上能幫得上忙的，沒有個別化的特殊教育，這個孩子在普通班的困難很難被理解和幫助，要他跟其他孩子用一樣的方式評量，每次都得到極低的分數，會磨耗掉他僅剩的一點學習動力。

我在教室裡能幫忙他的，只能減少他的挫敗。如果學習有困難，學習成效低落，又一直被處罰，這個孩子應該沒有動力來上學吧！

這孩子很熱心服務，警衛室有包裹他會主動說要去幫忙拿；有人吐了、地上髒了，他會主動拿掃把來掃；星期三的含氟漱口水他會認真地幫每個人倒好15cc。小考結束，我請他來幫忙登記成績，我告訴他：「你要登記在格子裡面，數字要寫清楚，這樣你能做到嗎？」他開心地說：「可以。」果然登記得清清楚楚。

除了寫作業和考試以外，他每一件事都做得很好呀！

每一次他幫忙、把事情做好，我會大聲地謝謝他、讚美他：「謝謝你幫忙領包裹。」「你抄得很清楚耶！」他拿到作業或考卷會很快訂正好，我也會告訴他：「哇！你訂正第一名，超快的！」

上次有老師問我，替孩子做作業的調整，其他同學不會抗議嗎？大概是全班都知道他困難、他辛苦，沒有任何人來問過我，為什麼他可以減少作業，為什麼他可以不寫。

當我對他友善和理解時，其他的孩子看著，也會跟著一起理解他吧！

價值不在分數上

上次去演講時，有一個爸爸跟我分享他的孩子也是一個特殊生，老婆承受了很大的壓力，情緒總是低落憤怒，他問我：「該怎樣幫助孩子和老婆呢？要送什麼還是做什麼呢？」

我跟他說，在陪伴妹妹早療的那段時間，壓力是真的很大，不斷有人會質疑：「妳怎麼會生這樣的孩子？」「小孩為什麼會需要做早療？」「是不是妳吃了什麼、做了什麼？」「她會好嗎？」質疑排山倒海，我的壓力超大，慢慢的就不喜歡出門，幾乎是下班就回家，把自己孤立起來。

那段時間我慌張地替妹妹找很多醫生做檢查、復健和上課，工程師從來不會反對，有空就陪著我去，只問我需要多少錢。即使花再多錢，他也從來沒有阻止我，他知道我不去做這些，沒辦法心安。

我沉迷烘焙，把所有剩下的時間瘋狂用烘焙填滿，烤箱、攪拌機一台換過一台，二十公斤的麵粉、兩百顆的蛋隨時送到我們家，麵包、蛋糕做完到處送，他也從來沒有一句怨言，因為他知道我需要成就感，需要轉移注意力。

在妹妹上小學以後，成績非常差，我對著她個位數的考卷難過，工程師摟著我說：「妹妹的價值不在分數上。」

原本愛熱鬧像野馬一樣的我變得不愛出門，不喜歡聚會，他也不勉強我，替我調整行程，擋掉所有不出席的壓力。

遇過幾次網路事件，他從來沒有說過我一句。我很難過，他說：「妳管別人說什麼，我們自己知道妳在做什麼就好了，妳又不是為他們做的。」

我的心理壓力已經很重，身心疲憊，但是我只需要處理自己的情緒，工程師從來不會給我任何壓力，不會因為妹妹的狀況質問我。他幾乎沒有應酬，每天回家陪我吃晚餐，所有煩躁只要他回到家我就穩定下來了，跟他聊一聊，好像白天受的傷都能慢慢撫平，有他在就覺得心安。

有時我透露帶妹妹去復健很辛苦，就有人問：「爸爸呢？爸爸為什麼不用幫忙？」他很重要呀！我帶妹妹去復健的時候，他要努力工作，有錢才能讓我帶著妹妹到處復健上課。他好像什麼都沒做，又好像做了一切；我想不出他送過我什麼，卻又讓我擁有了一切！

專注在孩子做到的事

教書這麼多年，各種小孩我都遇過，最怕遇到的是被處罰到無感的孩子。

幾年前帶了一個孩子，才剛升上五年級兩個星期，已經缺交功課三次。每一次，我都找他來問問：「你怎麼了？」他緊張地不斷眨眼睛，有各種理由：忘了帶回去、忘了帶來、寫了前面去做了什麼事就忘了後面……

打電話跟爸爸聯絡時，爸爸說：「老師，他缺交什麼功課，妳直接用紅筆寫，我回去打就對了！」我嚇一跳，「爸爸別打啊，這麼大的孩子不要再打了！」爸爸說：「我也是被打大的，有怎樣嗎？他從中年級開始就這樣，缺交功課我就是打就對了。」

爸爸繼續說：「這個小孩只怕我打，媽媽說的話他都不聽。我每天回到家都很晚了，還要處理他不寫功課。」我可以感受爸爸疲累又生氣的情緒，我說：

「爸爸，我們沒辦法隨時把爸爸你放在身邊打孩子，其他人只要不打，他就不怕，這樣他能聽得進老師和媽媽說的話嗎？打他只能讓他當下害怕，但是沒有辦法解決問題。」

爸爸不只會動手處罰孩子，孩子的各項行為也管得非常嚴格，只要孩子說謊或偷玩手機，一罰就是半年不能去球隊、不能玩手機。

嚴格的管理和嚴厲的處罰，孩子會改變嗎？太重的處罰和限制，給孩子的是絕望，我們應該要給孩子希望，讓他覺得有機會。

「爸爸，給我一段時間，你相信我，讓我想辦法讓他打從心裡去承擔他該負的責任，讓他主動完成作業，好嗎？」「他看起來焦慮又畏縮，孩子只要失去自信，很難承擔重任，小孩長大了，真的不要再打了，我會跟他談一談。」

我不給孩子說謊的機會，每天直接跟他要作業，沒有帶來就不能去球隊，直接在我面前寫一遍，沒有加罰，只是把當天該交的作業完成。如果寫得整齊得了甲上，隔天每行作業可以少兩個字。他發現不在家裡寫，就得在學校寫，不管怎樣都得交，為了早自習、午休能去球隊，他開始在家裡完成作業。

我很少罰孩子，即使罰也是很短暫的，在處罰期間只要有好表現，就能縮短或減少處罰，還能得到獎勵，孩子就能學到好的方法，也覺得只要自己改過就能有重生的機會。

這孩子聰明又伶俐，接下來的幾天我緊迫盯人，讓他一定把功課交出來，我不在聯絡簿上寫紅字讓他和爸爸衝突，只要有任何沒有做好的部分，都在學校裡我處理。

每天在聯絡簿上寫著他主動做完工作、稱讚他功課寫得很棒，他有主動幫忙老師、同學、在球隊表現良好……其實他的優點很多呀！但是那行指責的紅字，會讓爸爸看不到孩子的優點，只專注在孩子的壞習慣，讓孩子受皮肉苦，讓媽媽看著孩子被修理卻無能為力。

一個爸爸可以給孩子的東西實在太多，因為一個習慣而破壞親子關係，讓父子對立真的太可惜。

找出孩子畏縮恐懼的原因，別讓疲憊的人承擔教養孩子的壓力，幫孩子想想辦法，改善他的壞習慣，強化孩子的優點。才盯了一陣子，那孩子就改掉了不交功課的習慣，也改善了他和爸爸之間一觸即發的親子關係，孩子站在我面前時，他的眼睛終於不再緊張的眨動。

不要給孩子說謊的機會，直接檢視孩子的工作，沒有完成當場補完。處罰要短暫，要適量，鼓勵和獎勵要及時，給孩子重生的機會。專注在孩子有做到的事，而不是孩子沒有做到的事。

Chapter

02

教室外，
愛與陪伴不終止

面對意外，解決問題最重要

昨天下午兩點正要開始上第六節課，突然有隔壁班的孩子來通報，說她下課時打羽球不小心打到了我們班的孩子。我問清楚，是球打到還是球拍打到？她說是打出去的球落在了孩子的眼睛上。

安排好班上的孩子後，我立刻下去看她，在往保健室的路上我想著，小孩打羽球力道應該沒有很強，還好不是球拍打到眼睛。

一到保健室，看到孩子受傷的左眼正在冰敷，說可以回教室冰敷休息觀察。我要她把冰袋拿下來看看狀況，她閉著眼睛一直流眼淚，我以為她看到我難過地哭了，還抱住她安慰了一下，結果她說：「老師，我沒有哭呀！不太會痛。」但是她的眼睛一直流眼淚，還緊閉張不開，我懷疑她的眼角膜破裂，應該立刻就醫。

先打電話通知家長，但媽媽在上班，短時間內趕不過來，徵求媽媽同意後，我立刻請學務主任來幫我上課，我和她收拾好東西後，我載她去掛急診。

在車上她看起來有點緊張，我跟她說：「老師告訴妳，如果檢查出來沒事也沒關係喔！我們先讓醫生看看，確認有沒有受傷，眼睛很重要，而且眼球表面是透明的，如果有受傷我們自己是看不到的，妳就跟醫生說妳的感覺就好，別擔心。」

到了急診室沒多久，醫生就來做初步檢查，孩子不痛但是眼睛就是張不開，醫生幫我們轉診眼科。上樓排門診後，醫生做了很多測試和儀器的檢查，這時她的眼睛能稍微張開了，但一片模糊，什麼都看不清楚，連手指幾根都看不到，只有漸層的顏色。點了散瞳劑，等待將近一個小時，等到小孩都靠著我的肩膀睡了一覺後，再做眼球超音波、眼壓測試……

最後醫生說她的眼角膜破裂、眼球內部出血，擔心眼壓會升高，會有頭暈想吐的狀況，如果視力更模糊，就需要立刻回診。拿了藥水後，我送她回到家都將近六點了。

真是太可怕了！原本連醫生都以為她是因為怕痛才不敢張開眼睛，覺得沒什麼，她張開眼睛後從外觀也完全看不出來，即便聽到是羽球打到的，也認為沒那麼嚴重，畢竟還有眼皮擋著保護呀！結果就是這麼剛好，孩子的眼睛沒有閉上，直接被打到。最重要的是這孩子不痛，如果只是單純冰敷，有可能就會錯過她流眼淚的狀況，造成延誤就醫。

很多年前我遇過一個孩子的狀況幾乎一模一樣，第一次我們沒有經驗，以為孩子只是怕痛不敢張開眼睛，回到家媽媽帶去看醫生才發現是眼角膜破裂。這次我的警覺性很高，發現孩子眼睛張不開、流眼淚，就趕快送急診。遇到我們不懂的狀況，一定要尋求專業的檢查才能放心。

就醫的過程中我不斷地跟家長聯絡，告訴家長孩子的狀況、做了哪些檢查、醫生的診斷和醫囑等好讓家長放心，後續也跟主任和校長、隔壁班老師回報孩子就醫的狀況。

後續還約了回診、幫孩子申請了診斷證明書，要協助孩子辦理學校平安保險理賠等等。

警覺性很重要，不要錯過任何訊息，發生意外時寧可看嚴重一點，送醫確認，千萬不要因為自以為沒什麼而延誤就醫。

隔天到學校沒多久後，隔壁班打羽球的那位同學就到我們教室找我，一邊流著眼淚一邊說著她很對不起，她不是故意的。

我跟她說：「老師知道妳不是故意的呀！這就是一個意外。如果是球拍打到，我可能會怪妳揮拍的時候沒有注意，但是是羽毛球呀！打出去會被風吹，影響球飛行的角度。下次打球時旁邊的同學要離遠一點，不要靠這麼近會比較安全。」

她還是一直哭，我說：「沒有人怪妳，老師、主任還有她都知道妳不是故意的，別哭了嘿！我也會再跟她媽媽說的，妳別擔心。」

我請受傷的孩子跟她說說話，結果變成受傷的人安慰打球的人，哈哈！

她們是好朋友，當天下課的時候一起打球，意外發生的時候我家孩子站在旁邊吃餅乾當裁判，幫忙算分數，結果就這麼準，球打到了眼睛。

我也跟全班孩子說，有同學在打球的時候盡量離開球會打到的範圍，如果有傷到眼睛，眼睛一直流眼淚、張不開，一定要趕快去掛急診，不能拖。

小孩一起玩的時候，發生意外很難避免，我們能做的就是不斷宣導，提醒孩子注意安全，讓孩子們知道哪些行為會造成危險不能做，在意外發生時盡快處理，減少傷害，事後找找過程中有沒有需要改進調整的部分，下次我們都更小心一點，這就是經驗和學習呀！

一個孩子都不能少

昨天是我們學校的動靜態成果展，兩個禮拜前，六年級老師討論後決定要讓三個班級一起上台跳舞。我實在有點猶豫，因為我對跳舞一竅不通，要選哪首歌？要怎麼練？我都不會呀！

於是我選了班上兩個最愛跳舞，平常就在我面前跳個不停的男生負責，他們一口答應！開始選歌、每天中午吃完飯就帶著全班看著影片在教室練習，全六年級排練時還排了隊形、進退場。

看到幾個孩子不太敢跳，我告訴全班的孩子說：「這是你們在學校最後一次的動靜態成果展，以後應該沒有機會全班上台跳舞了！我們一起留下最好的畫面。如果不想上台，我尊重你，但是如果你選擇上台，那就盡力。我們代表的不是自己一個人，是全班，該跳的跳起來，手該伸直的伸直，在台上動作大就好看。這不是比賽，是跳開心的，你們開心地跳呀！」

昨天所有孩子都很賣力，跳得真好！忘記穿班服的、動作跟不上的……除了生病請假的孩子以外，全部都上台了。在那一刻，我們只在乎全班一起大聲唱跳，其他的都不重要。

謝謝你們替我重置了這個活動的記憶，妹妹五年級時被獨留在台下的痛，讓我每年到這個時候就莫名憂鬱，眼前彷彿浮現她在台下掉眼淚的模樣。

昨天跟孩子們一起彌補了這個遺憾，在我們班的每個人，都能一起上台，一起留下一輩子最美好的回憶。

學著寬容別人的不小心

「老師，她寫錯了！」

有一年，班上有一個亞斯的孩子超級直接，上課時當著全班的面指著旁邊的同學大聲喊。我都快暈了！我可以清楚看到旁邊同學的臉色非常難看。

下課時我把那孩子找來，我問她：「妳喜歡大家都知道妳寫錯嗎？」她突然愣住想了一下說：「不想！」我說：「對呀！哪有人這樣當著全班的面說她錯啦？如果是我一定超不好意思的。妳覺得她會不會不高興？她的朋友會不會不高興？」

這孩子非常直，知道什麼說什麼，看到什麼說什麼，從來不在乎場合和對方的感受，這樣的事情那兩年來只要我看到，一定會把她找來聊聊，引導她去想想對方的感受，要她說話前先想一下，千萬不要無意間傷害了同學、斷了友情卻不自知。

她也不太能夠判斷別人的碰觸是善意還是惡意。有一次下課她跑來告訴我，「老師，剛剛經過××班的時候，有一個人推我！」我問她：「很大力嗎？」「沒有，她要經過那個路口，我站在那裡，她沒有說借過就把我推開。」「妳覺得她是惡意的嗎？她推了妳以後是直接走過去，還是開玩笑的表情呢？」她說：「感覺應該不是故意的，她就是想過去……」「那妳希望我出面去幫妳提醒她嗎？」她想了一下搖搖頭。

「那妳覺得應該怎麼處理呢？如果妳是那個同學，有人擋在路口，妳會怎麼做呢？」「走廊上那麼多人，走路難免會有些碰觸，如果她不是故意的、不是惡意的，妳又剛好在路口，是不是可以接受別人的不小心？」「我覺得下一次遇到這樣的事情，讓妳不舒服，妳可以用希望別人對待妳的態度，好好提醒對方：妳忘記說借過了！」「或者告訴她：妳不能這樣推我，很容易會跌倒。」

孩子就是在這些摩擦和表達的拿捏中學習。我告訴孩子，如果對方是惡意

的、連續的、故意的，妳希望我出面，我一定帶著妳去問清楚，但是在這之前，我們先想一想前因後果，想想跟同學間解決問題最好的方式。

小孩呀！帶著又高又壯、穿起高跟鞋快一百八十公分的沈老師去找同學討公道，真的會把同學嚇壞的，要三思呀！

別人的惡意，你可以選擇不接受

女孩去倒垃圾時，被兩個學弟搶先，還說了句：「好可憐哪……」那女孩委屈地哭了。

跟我敘述時，女孩還是氣呼呼的，我問女孩：「他們說可憐的時候，妳有覺得自己很可憐嗎？妳不認識他們，但是很在意他們的想法嗎？」她紅著眼眶卻搖搖頭。我想她還是在意吧！不覺得自己可憐但是對這樣的說法生氣。

我跟女孩說：「曾經也有好多人說我很可憐。」她很驚訝地張大了眼睛。

有一段時間網路上很多人攻擊我，說我生了妹妹這樣的小孩很可憐，每天都在賣慘、討拍，說我很悲哀……「說的人在妳面前，妳還能罵罵他，跟他吵一下。可是罵我的這些人在網路上，怎麼辦？為了他們不負責任說的話生氣難過嗎？」

雖然我家妹妹有狀況，但是我都有能力處理，能帶她去看醫生，我的經濟能力可以負擔復健的錢，有體力帶著她到處去復健。她不聰明但是超級善良的，她的各項能力都進步超多！我有對我很好的老公、有很健康的兒子、有很喜歡的車、很漂亮的貓、很棒的房子，我還常常騎車出去兜風看日出……

我覺得自己過得超好，不覺得自己可憐呀！

所以看到他們說我可憐的時候，被罵有時還是會難過，但是我會很快調整心態，因為我不在意這些人的想法。

我也從來不會在網路上跟他們對罵吵架，畢竟說再多都沒辦法改變對方的想法，時間應該花在重要的事情上面，而不是浪費在這些人身上。

不了解又愛亂罵的人太多，你根本管不住別人的嘴，有時候你再怎麼努力、再怎麼付出，還是會有人指責你、罵你。他們不想知道你做過什麼，只是很直白的自以為是地說出自己的無知，你也不知道自己做錯什麼，或許哪裡都沒有錯，只是有人看不慣。

別人用你不喜歡的方式對你，你可以選擇接不接受。

「我選擇不看」——不重要的人說的話，丟垃圾桶就好，不用放在心上折磨自己。

「我選擇不聽」——每個人的角色觀點不一樣，沒有身處在我的位置，不懂我的想法卻任意批評很正常，但是我有自由選擇不活在別人的嘴巴裡。

「我選擇不說」——我不加入任何群組去說八卦，就不會從別人的嘴巴裡聽到自己的八卦。

可以為了信念活得很努力、很累，但是不要活得很苦，不要活成了別人嘴裡的樣子。

對自己說「妳很棒！」

那媽媽顫抖地把孩子的評估報告拿給我，一開口就流了眼淚，一邊哭一邊告訴我孩子的狀況，讓我好心疼。我跟媽媽說：「我都沒發現孩子需要評估，表示她的情況並不嚴重呀！她能認字，而且理解力好，只是有些字會寫相反，現在輸出文字的方式這麼多，都用打字，沒問題的。」

「妳放心，我會幫忙她，慢慢的一定會有改善。」

看著媽媽因為擔心不斷的流著眼淚，我也想起妹妹一年級時我一提到她就淚流滿面的日子，那時好焦慮，好希望有人能告訴我：「妳放心，沒問題的！」我很想告訴家長，評估報告不是判決，而是提醒我們孩子需要幫助，讓我們替孩子找到正確的資源，減少孩子的辛苦。

另一個媽媽告訴我，前幾天兒子回到家以後開心地跟她說：「老師說我的字寫得很漂亮耶！」其實這孩子大而化之，這兩個禮拜來常常因為寫作業粗心大意被我提醒，他卻只記得我跟他說過一次「字寫得很漂亮」，可見老師的讚美讓人印象深刻，讓孩子和媽媽都很開心，我要提醒自己，要多去看孩子的優點，多多讚美孩子。

昨天班親會結束回到家已經九點了，妹妹在樓下等我，看到我手上家長送的飲料，她開心地說：「媽咪，是妳幫我買的嗎？是『再睡 5 分鐘』耶，滴妹的飲料！」她超喜歡滴妹，兩年前的暑假知道滴妹開了飲料店，我和工程師特地陪她專程去台北排隊買了一杯飲料，沒想到兩年過去，她竟然可以認出那是那家店的飲料杯，實在太神奇了！她雖然識字量很少，但是記性非常好。

趁妹妹睡覺，我騎車出去繞了一個小時，想想那些流淚的日子和這些年來妹妹的進步，我很需要去吹吹風，沉澱一下情緒，用妹妹現在的進步來鼓勵當年淚流不止的自己。

妳盡力了！妳很棒！

教我如何不愛妳？

妹妹每天都會問我無數個字，最近愛爾達在轉播桌球賽，她目不轉睛的一場又一場地看著，看到有一位美女球員的國名，她用手寫板抄起來立刻問我：「媽咪，這是什麼國家？從來都沒聽過。」要我寫下注音讓她在平板上查詢，查國家的位置、國旗，並要我唸唸國家的簡介。

有時問我拼音，「是出頭的ㄜ嗎？是閃電ㄣ嗎？」

過一下子又來，抄了幾個球員的名字要我填上注音，她在平板上輸入想查詢的球員的資料。聽她跟工程師一起看球賽的對話很有趣，看到哪一位她查過的球員，她會跟工程師說：「他一八五公分高，才二十一歲，比大哥大一歲而已。」有時會考工程師，「你知道她叫什麼名字嗎？她很強喔！」工程師說：「妳能看到轉播的這些球員，每個都很強呀！」父女倆一來一回地聊著。

球賽看完看寶可夢，用平板查詢了寶可夢的圖片，想用黏土做出來，問我這種藍色怎麼調？接著用藍色、紫色和黑色一點一點慢慢揉，終於找到她要的顏色，跟我討論每個部位的做法，自己又捏出一個寶可夢。

她突然說：「媽咪，妳對我這麼好，妳最喜歡我對不對？因為我是妳唯一的女兒呀！」我說：「對呀！我最喜歡妳了！」她又問：「那哥哥呢？是妳最喜歡的兒子，對不對？」

九點時，她上樓洗澡，九點三十分一分不差跟我說晚安，自己上樓睡覺了。

星期天沒有出門，就這樣陪她看球賽、聊球賽、捏黏土，替她解答所有的問題，僅僅如此，她就覺得我對她好、最喜歡她。

多麼單純又簡單的滿足。

學習障礙的孩子最怕的就是喪失學習興趣和動力，她透過球賽這麼認真學習，教我要怎樣不愛她？

陪伴是解決問題最好的方法

下課時，一邊改作業，看見那孩子不出去玩，只坐在教室發呆，我抽出他的數學作業先改完，問他：「你想不想來找我訂正呀？」他帶著鉛筆和擦子過來，一個大題解說完之後，告訴他錯在哪裡，讓他自己訂正後，再解說一個大題。我們的功課不算多，一節下課就訂正完成了。「哇！你今天這麼快就訂正完了耶！」

如果發給他自己訂正，他會直接塞在抽屜裡，等我跟他催交時，他只能去跟同學借來抄，這就完全沒有訂正的意義了。

我告訴他：「下一節下課或午休我也有空，如果你沒有要出去玩，可以帶今天的數學作業過來，老師陪你寫喔！這樣明天就不用訂正了。」一下課他果然抱著作業簿就來了。寫完後我跟他說：「你破紀錄了，今天是全班第一個訂正完作業的冠軍，也是第一個把回家功課寫完的人，明天還不用訂正耶！有沒有很開心？」

「看到你開心，老師也好開心哪！」

每天花短短的下課時間就能帶著他完成作業和訂正，開學至今一個半月了，看他慢慢的進步，字都寫在格子裡了，越來越整齊，錯誤也少很多。他沒有缺交任何作業，上桌遊課時他能和同學玩成一片，閱讀時間也能開始拿起書來閱讀，真是太讓人開心了。

以前會為了孩子不訂正作業生氣，現在發現會讓我生氣的事也會深深困擾小孩，乾脆把他找來帶著訂正，他不用去抄別人的答案，更不用抱著不會寫的作業發愁，短短幾分鐘就能解決我們兩個的困擾。

當著全班的面誇獎他：「哇！〇〇〇最近進步超多！字越寫越整齊，作業也都訂正完，該做的事都有做好，老師覺得他很棒呀！」「老師也要謝謝〇〇〇，看到 ××× 需要幫忙的時候都會主動去教他，兩個人都好棒！」

陪著孩子解決問題、看見他的努力，針對有做到的部分鼓勵，孩子就能知道自己是做得到的，從完成中得到成就感。陪伴是解決問題最好的方法。

學習與每一個狀態的自己相處

妹妹入學後的每年秋天，我幾乎都會莫名的憂鬱，很多事情會在那時候浮上心頭，不斷的折磨自己。情緒低落、不想說話，有時還會很想到海邊去大哭一場。

後來發現是季節交替的原因，加上基隆開始下雨，很容易讓憂鬱復發。這兩年來，卻完全沒有徵兆，大概是因為遇到友善的校長和同事，而且我在生活中安排了很多開心的事，讓自己的情緒處於平穩的狀態。

我沒有習慣向別人訴苦，抱怨只會讓自己沉溺在憤怒和悲傷之中，自己的苦說給別人聽，沒有經歷過的人也無法理解，有時還會傳出去變成茶餘飯後的笑話。

我會找些喜歡的事情把空檔填滿，以前喜歡烘焙，去年此時迷上了袖珍屋，今年則是組裝模型，讓自己專注沉溺在一個可以放空頭腦的嗜好中，就不會胡思亂想。

今年暑假學會檔車後，只要天氣好，我便騎車上班。下班後，繞到外木山去看海，沿路欣賞傍晚絕美的海景，有時停下來吹吹風，看看拍打在岸邊的浪花和自由自在的飛鳥。回家後，陪妹妹看球賽、寫作業，擼擼五隻可愛的貓，煮晚餐等工程師回家吃飯，睡覺時緊緊抱著他聊聊天、開開玩笑。

穩定的生活作息，加上友善的環境，隔絕是非八卦，找到療癒自己的方法，我今年又能安然度過這個秋冬交替讓人憂鬱的時期了。

學習與每一個狀態的自己相處，生命總能找到出路。

有我在，不要怕

國小的時候，妹妹的生日都剛好在期末考。她根本看不懂字呀！3＋5都不會算，考試都需要人報讀，還是考得很糟，所以我們從來不會要求她的分數，更不會因為分數而處罰她。但是她從月考前一個禮拜，就會開始尿失禁，問她原因她也說不出來。

六年級時，有一次期末考數學，我到他們班監考，她拿著數學考卷要去資源班考試，在我眼前揮動考卷，紅著眼睛哽咽著問我：「妳看得懂嗎？妳會寫嗎？」看她拿著考卷、垂著頭離開教室，我心如刀割。

聽著同學討論分數，她跟我說：「媽咪，我真的很爛，只有考三十幾分，別人都考很多分，拿到考卷很開心，我拿到考卷只能藏起來。」我抱著她說：「妹妹，妳是因為天生看不懂字呀！看不懂還能考三十幾分很棒了！妳沒辦法跟別人一樣讀書寫字來養活自己，但是妳一定可以找到自己能做的事，別擔心！」

在一個完全看不懂的世界裡活著，是一件很痛苦的事吧！發現自己怎樣都學不會，一定很挫敗和焦慮吧！

我很慶幸自己當年替她爭取進了特教班，不需要再為考試焦慮，不需要寫看不懂的作業和考卷，從此她再也沒有尿失禁的狀況，終於可以好好慶祝生日。

昨天晚上她回到家，我問她晚餐想吃什麼，我要帶她去吃大餐。她說：「我可以吃妳煮的蝦仁燴飯嗎？」啊！不是，母難日我也想吃大餐呀！只好摸摸鼻子，煮了一鍋蝦仁燴飯，烤了她喜歡吃的小排骨。

工程師回家後，我們替她唱生日快樂歌，她抱著輔導老師送她的玩偶，一邊唱一邊握住我的手，「媽咪，謝謝妳喔！」她是我這輩子看過最善良又有禮貌的孩子。

有我在的日子，妳不用為天生的障礙愧疚，不用為學不會哭泣，不用為成績差焦慮，陪著妳探索妳想走的每一條路。有我在，別怕！

不要為了孩子忍耐

這陣子看到暴力的新聞心裡覺得很難過，年幼時目睹家暴的回憶全都浮上眼前，不管是對被打的人、在旁邊看卻無能保護的人，都是很大的傷害，沒有任何理由可以合理化暴力。

高中的時候曾經有個男生追我，看到他滿身肌肉和手上的傷痕讓我感到害怕，害怕他在生氣時如果施暴，我根本無力抵抗，這樣的偏見對那個男生很不公平，但是我打從心底的恐懼，讓我無法接受他。

到學校任教以後，我很怕跟學生的爸爸這個角色互動，生怕說了孩子不乖，那孩子回家就會被痛毆。我從小對爸爸這個身分的恐懼，讓我在人際互動上也有障礙。

有一次，班上有個孩子的媽媽被家暴，孩子哭著不敢回家，害怕看到媽媽受傷臥倒在家裡的某個角落、血流滿地的畫面，我牽著孩子的手送她回家時，我和她的手都在顫抖，我能體會她的害怕和痛苦，對父親這個角色的憤恨和恐懼，讓我們連回家都卻步。

另一個男孩擔心留在家裡的媽媽會被打，所以常常拒學，三不五時就說身體不舒服，想回家去。原本他活潑好動，那段時間每一節課都在教室裡默默掉眼淚，就連作業簿上都抹了血跡，心裡的壓力升高到極點。我知道那種擔心媽媽被傷害、不知道媽媽需不需要就醫、擔心父母起了衝突沒有人能推開……這些種種，都會影響孩子的身心狀況。

我也曾經十幾年沒辦法好好入睡，深夜裡只要有微小的聲音，我就會驚醒。生怕錯過了求救的聲音，我來不及阻止。

不要用任何理由留在會施暴的人身邊，不要接受施暴後的道歉和後悔，會有第一次，可能就會有無數次。

不要為了孩子忍耐，不要以為孩子不懂，看在孩子眼裡的是施暴者猙獰的面目和無情的暴力，留在孩子心裡的是深沉的憤恨、沒辦法保護所愛之人的無能和無助，甚至是對暴力的妥協或複製暴力的行為，那樣的傷痛，比起接受父母分開更痛。

沒有任何理由可以合理化暴力，當我們都冷眼看待，用各種理由替施暴者合理化時，這就會變成一個扭曲的風氣，我們都不希望自己或是親友受到暴力，又為什麼可以替施暴者找藉口？

欣賞孩子的努力

為了讓孩子們懂得珍惜食物，我跟他們一起看了剩食餐的影片，其中一個孩子認真地寫下了觀後心得。每次抄他的作文都很捨不得，如果沒有靜下心來一字一句慢慢替他謄寫，又怎麼能發現這個孩子有認真看影片，寫下的文句是否通順呢？我們是不是常常因為很多表面上的問題，而忽略了孩子所做的努力和優點？

昨天下課時，所有孩子都出去玩了，只剩他一個人待在教室，我問他：「你願意幫老師登記成績嗎？」他說：「好呀！」我說：「登記分數很重要，要寫整齊，你能做到嗎？」他說：「老師，我可以！」

我教他登記的方法，示範給他看，他很認真的登記完兩份考卷，還幫我發還給同學。

我跟他說：「哇！你數字寫得很整齊耶，我能看得很清楚，真是幫了我一個大忙。」他開心地說：「下次我還可以登記成績嗎？」我說：「當然可以呀！你做得這麼好，你以後就是登記考卷的小老師了，替老師做這麼重要的工作，謝謝你呀！」

原本每次考試他都懶洋洋的不想寫，常常寫一半就交出來了，昨天的兩張考卷卻都寫得滿滿的，而且其中一科數學考得很不錯。我說：「哇！你今天考得這麼好呀！」他開心地笑著說：「我有認真寫喔！」

只要他下課在座位上訂正作業和考卷，總會有幾個孩子自發性的靠過去幫忙，讓他很快的就能把訂正交出來。

有一次，輔導老師到我教室來，看到孩子們圍著他教他訂正，對於他學習困難的狀況，我有些難受。談起對他的心疼，輔導老師說：「沒有經過鑑定，我們就沒有特教資源能幫助他，但是這孩子的狀況這麼辛苦，能受到大家善意的對待，願意主動幫助他、喜歡他，我們前後兩屆導師已經盡力了。」

靜下心來欣賞孩子的努力，讓孩子擔任重要的工作，營造友善的環境讓同學善意對待他，這就是導師能為他做的最大努力了。

當老師和當媽媽

我剛開始當老師的時候，也是天天寫聯絡簿，認為小孩有任何錯誤，都該告訴家長，讓家長一起幫忙教育小孩。但是兩個兒子的國小、國中階段，實在讓我很痛苦，每天打開聯絡簿都很無力又驚嚇。當時幾乎每天拿著聯絡簿跟孩子算帳：「你今天又在學校做了什麼？」「沒有？那老師為什麼寫聯絡簿？」「你上課為什麼要轉頭？」「你抽屜為什麼不整理？」「上課為什麼講話？」

小孩在學校已經被罵過、罰過的事情，回到家來我再飆一次，真想衝去學校替他整理，不要讓老師生氣。從老師聯絡簿上的紅字和LINE留言裡都可以感受到老師的憤怒，但是我卻無力改變孩子在教室內的狀況。

尤其是弟弟國中的第一所學校，老師每天都傳LINE數落他，國中時的孩子叛逆，我每天都為了處理LINE裡面的問題跟孩子吵架。我是真的有在解決有在教，但是無效，老師還是每天傳，看這些訊息看到我很厭世，他到底是有多壞？我的教育有那麼失敗嗎？跟老師之間的關係緊繃，我完全不信任她，覺得她沒有處理班級事務的能力。

哥哥高一休學後轉到高職，當時情緒非常低落，狀況很多，我每天都膽戰心驚，生怕他在學校有狀況，也擔心學校打電話給我，但是導師打來時跟我說：「媽媽妳放心，交給我！」我那時感動落淚，有人可以幫忙的感覺真好，我也很想當這樣的老師。

我不只是一個老師，也是歷經兩個兒子求學階段的媽媽，所以我很能深刻體會每天下班後看到寫滿紅字的聯絡簿、每天接到ＬＩＮＥ的感受，所以我盡量讓孩子的生活切割開來，在教室發生的小事盡量在教室處理，需要讓家長再告誡一番的，我還是會和家長聯絡，請家長一起幫忙孩子改進。

減少衝突，跟家長維持良好的關係，讓工作更順利。

我也會請孩子自己寫日記來記錄當天的事情，他們的敘述沒有我的情緒，這不就是我們的目的嗎？讓家長知道孩子在學校的狀況、知道老師的處理過程、也知道孩子有道歉反省，這樣的方式更婉轉，也能達到目的。

我不是顯擺自己當老師多厲害，而是深刻體會過當媽媽的無力，不是不讓家長知道孩子的狀況，而是換一個不讓家長焦慮的方式來提醒，我受過的苦不想加在我的家長身上。

不要放棄任何一個

我在嘉義完成了第五百場的演講。

其實我也很希望自己是一個平凡的老師，就依照自己年輕時的規劃，當了十幾年的組長，早已取得了主任資格，再努力一點，我就能一步一步達到自己的目標。

但是我的價值並不在這些職位上。

當老師二十四年，一直覺得我們的教育環境很友善，至少在我身邊的老師都很認真又善良，但是我沒想過，帶特殊學生跟生養一個特殊孩子完全不一樣。

光是要讓妹妹能說話，就做了語言治療四年。讓她能好好走路跑跳，體操課上了八年。讓她能有自理能力，早療跑了六年。我沒有想過，讓一個特殊的孩子要走到教室裡，要走到我的身邊，需要這麼多的辛苦。

做了這麼多努力，只希望妹妹能跟一般孩子一起好好上課。沒想到一上國小就遇到直接禁止她上課的體育老師，那位老師根本忽視她能跑能跳，也能去參加體操比賽。這一棒敲醒了我，原來一個特殊孩子的學習權益，這麼容易被剝奪，原來再怎樣努力，都會有爛老師只因為她持有身障手冊，就能任意的對待她。

親身體會，才知道身障孩子在我們的教學體系有多無助。

我想要提醒更多人尊重孩子的學習權益，了解他們的難處，能接納和幫助這些天生下來就辛苦的孩子。

我想要大聲疾呼，即使孩子有身障手冊，她還是有不容侵犯的受教權，不能有人任意對待她，做為媽媽，我會在她受傷時義無反顧的反擊。

沒有人能阻止傷心的媽媽為孩子奮戰！

前不久，去教育部開會，有代表在會議上開了特殊生家長的玩笑，我回家後忿忿不平，工程師也生氣了，他說：「妳怎麼沒有站出來說句話？都到那個地方了，有這樣的機會，妳應該要毫無顧忌的替特殊孩子的家長發聲。」

有這樣的能力和聲量，我怎能視而不見？我怎能裝聾作啞？我深刻反省自己，我終究還是顧慮太多。

於是我像苦行僧一樣，跑了五百個學校、機構，不是想要紅，我承受我的選擇帶來的所有批評和後果。

我只是想當面拜託老師們，在您們的教學生涯中，如果遇到我家妹妹，遇到跟她一樣慢、一樣辛苦的孩子，都不要放棄任何一個。

有方法，就是好方法

兒子們讀高職時，我跟他們約定好，週考只要進入前十名就有獎學金，六到十名五百元，一到五名一千元，去參加假日自習也有工讀費可以拿。那時好幾位網友私訊給我說：「小孩讀書是本分，怎麼能用錢來鼓勵？」「這樣會把孩子寵壞，以後讀書沒有錢拿他們就不讀了！」

我沒有管任何人的意見，任性依然故我，還是大方的給獎學金，因為這招對他們有效呀！

兒子從國小開始就是學校的運動校隊體育班，每天練球時間極長，有時出去比賽就是一個禮拜，根本沒辦法好好上課，學科底子極差，當時的目標是靠體育成績保送上大學。但是練了十幾年，高一的時候，因為運動傷害加上環境的不友善，他退出球隊休學了。

驟然改變環境和生活方式，本來一整天都在打球、玩遊戲，突然變成整天都在讀書考試，程度又差，那時的狀況實在很糟。他找不到目標、沒有成就感，情緒非常暴躁。我一直在思考，這種時候要怎麼鼓勵他？不能唸，打也打不贏，曉以大義他不聽，真的想不出方法，只能投其所好了。

我問他，我想給他獎學金，他覺得標準要怎麼訂呢？他說老師說只要進入班上前十名就能考上公立大學。於是我們約定好，考進前十名就發獎學金。從那時開始，他幾乎維持在六到十名。我沒有管過他獎學金用在哪裡，我只知道他終於有了目標，雖然是為了獎學金，但他開始有了些許的動力。

終於考上大學，每個月工程師會給他生活費，他想存錢換車，於是開始去打工。他跟我說：「我現在才知道，五百元要工作好幾個小時才能賺到，我當時竟然一下子就花光了！」他還告訴我，去打工後才知道原來有很多人生活很辛苦，打工是為了要吃飯、要繳學費，不像他是為了要存錢買東西。工作一定有很多辛苦和不愉快，但他從來不抱怨，或許就是因為看到很多更辛苦的人為了三餐在努力吧！

當時很擔心的朋友可以放心了，事實證明高職那三年給獎學金並不會養成他揮霍的習慣，也沒有因為獎學金拿去加值手遊就沉迷。在高職那段時間，他剛剛休學，對學校絕望，如果沒有想要拿到獎學金的這個動力，我想以他當時的程度，沒有目標、沒有學習動力，對凡事都憤怒，應該考不上大學吧？

我認為有方法，就是好方法。撐過了青春期孩子會自己想，不用擔心了。

媽咪，謝謝妳

每天晚上九點三十分，一分不差，妹妹會把手機和平板拿到我房間充電，跟我和工程師說晚安後，要我一定要上樓幫她蓋被子。

前天我太早起床，忙了一整天，頭有點痛，晚上九點就睡著了，九點半她進到房間開了燈，我迷迷糊糊地醒來，她要我上樓幫她蓋被子，我說我沒辦法，太累睡著了。她繼續叫了我兩次，但是我真的爬不起來。

她有點生氣說：「以後我都不需要妳幫我蓋被子了！」上樓後，「砰」一聲重重地關上門。

隔天早上，我幫她做了前一天約定好要做的三角飯糰，她六點下樓來，看到飯糰便開心地說：「媽咪，謝謝妳喔！我最喜歡吃妳做的三角飯糰了。」我想她大概已經忘記前一天的氣了。

等她吃完，幫她綁頭髮時，我跟她說：「媽咪問妳喔！妳不舒服的時候，會不會想要去休息，會吧？媽咪也是呀！昨天晚上真的好累，頭好痛，就早一點去睡覺了。我每天都幫妳蓋被子呀！就昨天不舒服沒上去，妳就生氣啦？妳都沒有體諒和心疼媽咪不舒服，一次沒上去就說以後都不用了，而且還用力關門，讓我好傷心呀！」

妹妹轉頭抱住我，「媽咪，對不起，昨天我不應該這樣說的，我還是很喜歡妳每天晚上幫我蓋被被，我以後不會這樣了，妳原諒我好嗎？」

國二的妹妹正值青春期叛逆，大概就是這樣的情況，一年會生兩次氣，都會叫我不要上去幫她蓋被子了。但到了隔天，我跟她談談以後，她就會跟我擁抱、道歉。其實她平常都很溫和好商量，即使不喜歡的事情也能好好說，如果是她犯錯，她會立刻道歉，沒有嘔氣冷戰或大吵大鬧這些狀況。

只玩寶可夢，沒有手遊加值的問題。每天晚上九點半交手機充電，沒有徹夜玩手機的狀況。沒辦法拼音輸入訊息，沒有交網友的困擾。沒辦法寫字，沒有考試的壓力。作息很規律，六點起床九點半睡覺。
她大概是一個最讓人省心的國中生了，也是讓我安定下來的重要關鍵。

我只是陪著她生活的媽媽

有很多人誤會我是特教老師，教讀寫障礙的妹妹一定有很多方法，其實我沒有。

把字拆解後，用部首來解說讓她識字，用字卡不斷讓她認讀，讓她不斷練習寫字……這些方法我全部都沒有做過。

看過她連仿寫都不會，昨天教的今天忘了，那絕望挫敗哭泣的樣子，我不想讓她陷入學不會的困境。

她在國小六年資源班、國中二年級特教班，專業的特教老師做了很多，她還是無法寫字，小學在美語班上了三年，連A～Z都認不得，現在注音符號也沒辦法拼，她的讀寫障礙應該是極重度的那種，所以我對她的寫字認字是隨緣的，讓她在沒有任何期待的壓力下用自己的方法學習。

沒有錯誤的期待就沒有錯誤的對待。

之前開車載她，我們停在一個紅綠燈路口，她看著旁邊電線杆上的廣告標語唸了起來，我們很驚訝，她大概可以猜到這則廣告的意思，她說：「媽咪，這個黃色的廣告是說可以借錢對嗎？」我們笑了起來，我說：「妳試試看一個字一個字慢慢唸。」她大概可以唸對一半。我和工程師讚美她：「妳認得很多字耶！」她說：「我很聰明吧！」

只會一半的孩子為她會的那一半感到驕傲，她總是自信心滿滿的。

很多媽媽會對孩子的讀寫障礙很焦慮，找盡各種辦法來幫助孩子，當孩子沒有進步就會焦慮和憤怒，孩子也會覺得自己很差，總是達不到要求，自我價值感低落。

我完全沒有這樣的情緒，妹妹對她的障礙也不覺得挫敗，總是很自信地看到什麼唸什麼，唸錯也不會被我們責備，我只是把正確的再唸一遍給她聽，她想學什麼我就當她的翻譯機，替她在想查詢的球員名字旁邊寫上注音，讓她可以自己在平板上輸入，在網路上查詢。

她超級愛看球賽，只要有羽球賽、桌球賽，她可以專注地坐在電視前看幾個小時的比賽，一邊看一邊把球員的名字抄下來，把下一場比賽的時間記下來，遇到不會寫的再來跟我求救。

我沒有任何專業的方法教妹妹認字寫字，我只是讓她有自己的興趣，在她需要的時候提供協助，在她有做好的時候給予鼓勵，提供她需要的工具，讓她不為天生的障礙愧疚。

我不是特教老師，我無法解決她天生的障礙，我只是能陪著她生活的媽媽。

Chapter

03

只有愛，
能化解所有的障礙

讓磨人的孩子，變成自動自發的天使

六月的時候，資源班老師們會在經過討論後，將需要安置的孩子分組，組長前來與我們一一說明每個孩子的狀況，我們再針對每一個孩子與輔導老師和特教組長討論了很多次，最後確認將孩子們分配在哪一班。

很幸運的是，每一次遇到同學年的老師們人都很好，經過討論每個孩子都能有最好的安排。

深入了解安置在班上的特殊生的狀況，與中年級導師細部討論，也進行了與家長的視訊會議，做了這麼多功課，當面對孩子在教室的真實狀況時，才能真正把從各方收集來的資訊連結在一起。

亞斯伯格症的孩子有很多固著行為，每一次換班級、換老師時，就是所有規則指令重置的時機，必須要抓緊開學的這幾天，讓孩子清楚了解這個環境的規定，他就能有規律和穩定的生活。但是這個重置的工作並不簡單，要讓孩子願意遵循新指令，需要用對方法。

開學的第一個禮拜，那個孩子姍姍來遲，走得滿身大汗，連衣服都濕透了。我請他過來，他不注視人的眼睛，那是亞斯伯格症很典型的特質。我問他：「你知道幾點以前要到學校嗎？」他說：「七點五十分。」「那你為什麼遲到了呢？」他說：「因為從 ×× 社區走過來走了很久。」我問他：「你覺得要怎樣解決這個問題呢？能不能搭公車？」他說：「不能。」那還有其他方法可以解決嗎？他說：「早一點出門，本來七點半出門，可以改成七點二十分。」我說：「哇！你好棒！立刻就想到方法解決。」

「來，你擦擦汗。你走過來學校流得滿身汗，衣服都濕了，一整天就會又黏又臭，你覺得該怎樣解決這個問題呢？」他說：「帶一件衣服來換。」我說：「這個方法真好，這樣就能舒服地上課，你真的很會想辦法耶！」

中午吃完飯，整個餐盒都是殘渣湯汁，他把蓋子蓋上，馬上就要直接收進餐袋，但這樣帶回去，酸臭的湯汁一定會流得整個袋子都是。於是我請他把餐盒拿過來，在我面前用兩張衛生紙擦乾淨後，告訴他以後吃完飯都要這樣把餐盒擦乾淨才能放進餐袋。

當著他的面，把討論好的出門時間、帶替換的衣服、吃完飯要擦餐盒這些叮嚀一一寫在聯絡簿上，一邊唸給他聽，寫完以後請他再唸一遍。想要在他固著的系統裡更新指令，必須不斷地輸入，讓他自己確認並確實執行。剛開始一定會忘記或是不習慣，要持續一段時間的提醒和堅持，倘若他有做到，便給予讚美鼓勵，這孩子就能融入班級，有穩定的作息。

班上有兩位亞斯的孩子，狀況和需求完全不同。跟亞斯的孩子相處不難，他們需要很多讚美和肯定，了解他們各自的思考模式，抓緊輸入指令的時機，在事情完成時給予正向鼓勵，並做滾動式的修正，就能讓一個磨人的孩子變成自動自發的天使。

不需要為天生的障礙愧疚

一、二年級的時候，妹妹的回家功課是老師印出來後幫她貼在聯絡簿上，我上網用華語生字簿，幫她輸入所有文字轉換成虛線體，依照老師要求的內容和格式幫她排版、調整格子和紙張的大小後，列印出來再貼在作業簿上。每一天，我都要花整整兩個小時去處理她的作業，最後她才能跟同學們交出一樣的作業。

到了小學三年級，她的聯絡簿得自己看著黑板抄，抄回來的字我常常看不懂，需要老師在旁邊寫上翻譯。

有一次我問她：「妹妹呀！妳每天都有抄聯絡簿，妳知道妳寫的是什麼嗎？妳知道今天的功課是什麼嗎？」

她說：「我看不懂老師寫的，但是我都有認真抄回來給妳看。妳也看不懂老師寫的字嗎？」我認為她不懂，她也以為我不懂。

她到小三還是無法認字、寫字，甚至無法仿寫，寫出來的字讓人猜不透也看不懂。如今國二的她，雖然還是無法自主寫出字，但是她可以認得很多字，也可以仿寫得很好，常常把球員名字或各國國名抄在手寫板上，請我填上注音，她再輸入到平板，聽維基百科的語音說明。聽到內容裡有任何一個她不懂的詞句，她會停下來問我：「『頂尖』是什麼意思？『國手』是什麼意思？」不管問什麼、問幾次，我們都會耐住性子跟她解釋。

如果跟同齡的孩子比，她實在落後很多，但是跟她自己比，小三的時候還無法仿寫認字，現在認得很多字也寫得整齊又漂亮。

常常有焦慮的家長詢問我，孩子學不會怎麼辦？我知道這個過程讓人很糾結，但是過度擔憂會讓自己和孩子陷入沉重的壓力之中，而在這樣的恐懼之下，長期感到挫敗的孩子不僅學不會，而且會完全喪失自信和學習的動力。

我無能解決妹妹的學習障礙，唯一能做的，就是讓她不需要為天生的障礙愧疚，努力讓她在快樂中學習，讓她找到最適合、最開心的方法來探索這個艱難的世界。

沒有人能阻止傷心的媽媽為孩子奮戰

之前錄黃大米的 Podcast，聊到妹妹國小五年級時，全學年的孩子都上台表演英文歌唱，只有她一個人被丟在台下，我又說到哽咽流淚。

她是真的不會唱，但是在表演前，能不能給我音檔或者ＣＤ，讓我每天放給她聽呢？即使她不會唱，至少也能讓她跟著六十幾個孩子一起搖擺和拍手呀！難道只因為她有中度障礙的手冊，就可以任意剝奪她跟大家一起上台的權利嗎？

看到孩子一個人孤零零地坐在台下空蕩蕩的座位區，紅著眼眶看著所有同學在台上表演，媽媽的心都被絞碎了。

那一次，我拍了那老師的桌子，告訴她：「即使妹妹有手冊，她也應該擁有跟其他同學一樣的權利。」我請導師和資源班老師幫忙注意每個特殊生的權益，別讓孩子和媽媽獨自在台下哭泣！

在她三、四年級時，我們曾經在坊間的美語班上課，每個禮拜兩次，接送、學費都是我龐大的壓力，但我們堅持了三年，她雖然能跟著唱，卻連A～Z都認不全，後來因為升級的龐大壓力，只好放棄了。我們做過好多努力，但是她天生對於符號的認知障礙，讓她吃盡了苦頭。

從那次表演以後，她對英文完全喪失興趣，直到兩個禮拜前，她在看桌球世界錦標賽時，她喜歡的選手贏了比賽，在接受採訪時說了一句英文，她立刻拿出 iPad 要我幫她輸入，然後她用 Google 語音翻譯不斷重播，跟著唸了起來。當她有學習的動力時，就會想出學習的方法。

養育一個特殊的孩子，真是一條漫長又糾結的天堂路，讓人最難受的，不只是孩子學不會的挫敗，更是別人異樣的眼光和對待。

有一位媽媽曾經來問我，孩子在學校遭受惡意對待，到底該如何處理？以一個老師的身分，我只能勸媽媽要冷靜，千萬不要讓爸爸到學校打人。但是以媽媽的立場，我很清楚如果我的孩子被這樣對待，換成是我的個性，早就衝到學校去了，一定要讓對方清楚感受到媽媽的憤怒。

每個人都要為自己的行為承擔後果，沒有人能阻止一個傷心的媽媽為孩子奮戰。

她不是奇蹟，是努力

如果我的人生到現在有一點點的成就，應該就是因為這個孩子。

兩歲時，被醫生判定終身學習遲緩，領了五張身心障礙手冊，早療六年、語言治療四年、體操八年。

領了中度語言障礙手冊，但她現在溝通無礙、對答如流。

領了中度肢體障礙手冊，她卻能參加體操比賽、大隊接力，行動自如。

醫生認證終身學習障礙、讀寫障礙，她卻能看懂所有羽球選手的名字，能寫下「戴資穎」三個字。

她不是奇蹟，是我們努力這麼多年的成果。

她教我欣賞她從 0 開始慢慢學會的每個能力，而不是沉溺在她天生的困難之中。

她帶我看盡了人情冷暖，放棄規劃好的人生，用不同的角度看到更重要的責任。

她讓我做了很多困難的取捨，篩選重組生命中重要的人事物。

她讓我體會自己戰鬥力的強大，原來我能這麼勇敢。

她一定在上輩子做了好事，才能生在我們家來受我們的照顧和疼愛。

我一定是上輩子做了好事，才能有她這樣一個特別又善良的孩子。

帶她這一路上，真的很辛苦，但是現在只看到她的美好，卻忘了怎麼苦。

我們的愛不該理所當然

在學校裡，常常處理孩子的狀況，很多時候孩子不覺得自己有錯，都是媽媽和照顧者的錯。

有一次把遲到的孩子抓過來唸了一下：「遲到的上學路上，沒有導護老師和志工，加上上班時間車子多，過馬路會危險！到了學校，該完成的工作會因為遲到而耽誤！」跟孩子談了五分鐘後，我在孩子的聯絡簿上提醒要準時上學、上學前應該要刷牙洗臉再出門。

隔天看到阿嬤在聯絡簿的留言寫著：「對不起，阿嬤睡晚了，讓孩子遲到了。」這一下，我前一天跟孩子說的全部都白費了，因為遲到變成阿嬤的錯。我告訴孩子，「都五年級了，遲到不該是阿嬤的錯，你要早一點睡，自己設定鬧鐘自己起床。」

另一個遲到的孩子，才進教室就開始說，都是妹妹吃飯吃太慢，都是妹妹起床太晚，而路上塞車，都是家長開車開太慢。我問孩子：「你覺得該怎樣才能解決這個問題呢？」「以後上國中，是七點二十分遲到，如果妹妹也是這麼慢，如果路上還是塞車，該怎麼辦呢？」「遲到了，該做的工作都來不及做，一起負責的同學就要幫你做，作業沒辦法準時交，就會耽誤小老師的工作，遲到是一個不負責任的習慣，你覺得該怎麼處理呢？」

另外有好幾個孩子，住在同一個社區，有的用走的，有的提早十分鐘出門坐公車，沒有人像她一樣坐車上學卻天天遲到。遇到問題時，重點是該如何解決問題。

班上辦活動，一個孩子負責的東西都沒帶，孩子告訴我：「媽媽都忘了幫我準備。」那一組因此沒辦法做活動。我告訴孩子，「這都是自己可以準備的東西，沒有帶是自己的疏忽，不是媽媽的責任。」

另一個孩子作業忘了帶，我問她作業呢？她說：「因為前一天拿給家長簽名，家長忘了放在書包裡。」我提醒她，「放學前、出門前就該整理書包，確認該帶的東西，而不是把作業沒有帶的責任全推在家長身上。」

天氣冷，孩子沒有穿外套就到學校，看到她直發抖，問她怎麼沒有穿外套？孩子說：「因為爸爸沒有叫我穿外套。」放學時孩子淋雨回家，問他為什麼沒有帶雨衣？他說：「媽媽沒有把雨衣放進袋子裡。」

問孩子體育課為什麼穿牛仔褲？她說：「都是我媽啦！她說不用穿運動服，老師不會怎麼樣。」是的，老師不能怎麼樣，但是孩子就養成不需要遵守學校及班級的規定，養成只要媽媽說，孩子就能跟別人不一樣。

當我們把孩子的事情一手包辦，孩子弄不清楚該負責的人是誰，就無法在疏忽中學到教訓，犯錯了就得要父母道歉，後果就要父母承擔，孩子不知道錯在哪裡就無法修正，而我們要為孩子承擔多久呢？如果連加衣服、帶雨衣都不會，孩子會不會失去照顧自己的能力？

我們的愛不該理所當然，不要習慣把所有責任都攬在自己身上，再來怪罪孩子擔不起責任。

不需要承擔責任的行為，後果最嚴重。

適時地放手，讓孩子獨立、去面對過錯、去接受處罰、去想辦法解決問題，

一一修正、改過，孩子才能從錯誤中成長。

每天都去鼓勵一個孩子

我曾遇過好幾位校長，每一位都是我人生的導師，正面的、負面的都教我很多。

其中有一位總是把孩子放在心上，他每個禮拜會排在年級每一班上一節課，跟孩子們聊聊世界上發生的事，不只開拓孩子們的視野，也能藉此熟悉每個孩子，如果其中有特別需要照顧的，他就會出手相助。因為實際進入班級，他不會跟教學脫節，了解每一個班級經營的狀況，並深知我們在教學現場的辛苦，親身體會老師們遇到的問題。

他說過很多影響我的話，其中影響最大的是，他要我們每天都去鼓勵一個孩子，越難讚美、越沒有優點的孩子，我們就越要想盡辦法讚美他。

當時我覺得很難，沒有優點要怎麼讚美呢？但是因為我很尊敬他，很想要做到他提醒的每件事，因此雖然我對學生還是很嚴格，面對他們的錯誤，我一定會提醒，但同時我也試著努力去鼓勵每個孩子。

那天一踏進教室，看到常常遲到的孩子，我告訴他：「哇！今天這麼早就到，一大早就能看到你真開心！」

陪伴少寫一半作業的小孩終於補寫訂正完畢，我說：「你今天好棒，這麼快就完成了，而且我發現你都會，你看，這幾題都是你自己寫的，進步了耶！」

中午吃飯時我在座位間巡視，看到剛開學時每天都要拖拖拉拉吃到一點的孩子，竟然十二點半就吃完，我跟他說：「哇！你有沒有覺得自己今天超讚的，這麼早就把飯吃完，等一下就能去上你喜歡的課耶！在時間之內把飯吃完，碗還擦得這麼乾淨，超棒的！」

還有一個孩子，下課時主動去教同學寫作業，我跟她說：「我有看到妳教他寫功課喔！妳很善良，謝謝妳幫忙照顧他。」

整理後陽台的同學很快就完成工作，我轉頭一看，讚美她說：「這是我看過最乾淨的後陽台了，妳打掃得很認真耶，謝謝妳！」

幫作業有一半是錯字的孩子抄了作文，我把他帶到台前，請他跟我一起唸作文給同學聽，唸完以後我告訴全班孩子：「他的作文寫得很通順，有寫出重點，還有按照格式寫了三段，我覺得他很用心，寫得很好！」讓他感受一下在台前接受大家鼓掌肯定的成就感。

「你今天訂正作業超快，這樣中午就能去球隊打球了！」「今天桌子整理得這麼乾淨，是不是看起來很舒服？」「你一節課讀了這麼多頁？超強的！」「妳今天記得綁頭髮了啊，綁起來真好看！」

還有字寫得很整齊的、抽屜整理得乾乾淨淨的、習題寫得又快又好的……每天不只讚美一個孩子，不只鼓勵需要讚美的孩子，也鼓勵表現好的孩子，讓每個努力的孩子都知道：老師看見你的好、老師知道你有盡力完成該做的事情。

光是短短一天就可以讚美全班的孩子，其實只要用心和孩子一起生活，一點也不難呀！

我對學生嚴格，但是也同時看見他們的優點，願意讚美他們做好的事。

我因為敬愛校長，想辦法去做到他要我們做的事。班級經營並不需要很多規定和處罰，而是讓孩子喜愛這個班級、喜愛這個老師，他自然就會想辦法去做到該做的事，做到最好。

做我們在教室裡可以做的

有一次去演講，一位老師問我：「我很想幫助班上有學習障礙的孩子，如果孩子經過評估能確認身分，我們就能替孩子安排特教資源，可惜家長不願意接受，連評估都不願意，我們該怎麼辦呢？」

在教育現場遇到太多這樣的狀況，剛開始會很極力地去說服家長，但是有很多家長就是不願意接受。我現在都不強求了，做到該做的提醒，然後把孩子當作單獨的個體，不去管他的照顧者，只想辦法解決他在教室的難題。

遇到一個學習障礙非常明顯的孩子，但是從一年級開始，不管老師怎麼跟爸爸溝通，爸爸就是不願意讓孩子接受評估和特教服務。到了五年級，這孩子寫十個字大概有六個錯字，剩下三個寫錯誤的注音，還有一個字扭曲無法辨識。國文差，數學能簡單計算，但是文字題全部看不懂，很明顯就是學習障礙。沒有特教資源，我能幫助他什麼呢？

寫作文時，他會呆坐在座位上不動，剛開始覺得他偷懶，後來發現他光是要下筆卻連字都寫不出來，我便跟他說：「你就隨便寫，同音字也好，寫錯字也沒關係，只要把你的想法寫出來就好。」

如果以平常批改作文的習慣用紅筆圈出錯字，批改他的作文大概得圈滿整篇文章。所以我替他抄作文，努力用前後文去猜他的字，抄完後發現他的思考邏輯還不錯，語句也算通順，偶爾還會有個成語，我便把他的作文唸給全班聽，誇獎他的作文寫得很棒。

他在學習表現上成績非常差，但是很勤快，每次餐車來都是第一個去幫忙準備打菜，總是注意班上有什麼需要幫忙的事情，我只要看到就開口謝謝他，在期末時給了他熱心服務獎，讓他上台領獎狀。

戶外教學的時候，我替他找好友善的組長，讓他在分組的時候不會困窘，小考時我請他幫忙登記成績，他的數字寫得整齊又清楚。

看他沒有吃早餐，偶爾我早餐買了他喜歡吃的，就會幫他多帶一份，有多餘的麵包和三角飯糰，會問他想不想吃。雖然在學習上他很挫敗，但至少我們的環境友善了，他就會願意來上學，多少學一些。

有一天一個女孩湊過來說：「老師，我覺得妳好像他的媽媽。」他有時也會說：「老師，我媽媽以前也這樣陪我寫功課。」

如果當不了老師，如果克服不了他的障礙，那就當媽媽吧！照顧他、關心他。做我們在教室裡可以做的，盡力就好。

疼她，也要好好教育她

妹妹常常去阿嬤家住，有時一住就是好幾天，阿嬤常常誇獎她規矩很好，該做的事情自己都能負責做好，作息也很規律。阿嬤知道她很愛吃蝦仁炒飯和咖哩飯，每次也總會做給她吃，超疼她的。

上禮拜剛好有桌球賽，妹妹超迷球賽，阿嬤陪她看的時候問她：「這是誰呀？」妹妹說：「妳不認識的人，妳看不懂啦！」

閒聊時阿嬤跟我提到這件事，我趁單獨跟妹妹在一起時問她：「妳住阿嬤家的時候，如果遇到問題，是不是會問阿嬤？」她說是，我說：「那阿嬤都怎麼回答妳呢？」妹妹說：「阿嬤都會教我，解釋給我聽。」

我說：「妳看不懂球員的名字，問我他們的名字怎麼寫、注音怎麼拼的時候，我怎麼回答妳呢？」她說：「媽咪妳都會告訴我怎麼寫，教我拼音。」

我說：「那阿嬤問妳問題的時候，妳怎麼回答的呢？妳跟阿嬤說『妳看不懂啦！』那下次妳問我的時候，我也跟妳說『妳不懂啦！』妳聽了會不會難過？」

「妳覺得下次阿嬤問妳問題的時候，妳要怎麼回答呢？妳可以跟阿嬤介紹，這個是林昀儒，他打桌球很厲害喔！現在還是大學生就已經是國手了，全世界排名第幾名……之類的。」

「妳不懂的問阿嬤，阿嬤都會好好教妳，阿嬤不懂的，妳可以把妳知道的說給阿嬤聽，阿嬤是不是就認識了？阿嬤在教妳的時候很有耐心，妳是不是也應該很有耐心地回答她的問題？」

疼她，也要好好教育她。越是受疼愛，就越要教她對待別人的方式，而不是寵上天，放任她任意對待愛她的人。

孩子們的求救訊號

有一年，一個女孩常常要我幫忙綁頭髮，有時頭髮很整齊，她卻故意拆掉要我重綁。導師的下課時間就像戰場，滿桌作業，身邊還有幾個抓來問話的，一、兩個訂正作業的，還要不時抬頭提醒遠方玩過頭的……但是這個女孩只要想到，就會過來要我幫忙綁頭髮。

我還是會放下所有手邊的工作，替她把長髮梳順，問問她想綁馬尾還是辮子，然後順她的意幫她綁頭髮。

那段時間，她的父母要離婚，每天吵、每天摔，孩子每一節下課就在我身邊晃。

「老師，我跟妳說，他們就是一直吵，把家裡的東西都摔壞了！」「老師，昨天我阿嬤和姑姑也加入戰局了，一堆人吵到半夜！」「老師，我家昨天就像世界大戰……」每天都來報告戰況。

我聽完以後都會問她：「妳還好嗎？」她都會說：「我沒事呀！我習慣了，他們一吵就叫我進房間，其實我都聽得到。」一臉不在乎的樣子。可是我看到她的眼眶紅了，原本的笑容慢慢消失，成績一落千丈。本來一下課就會跟同學手牽手出去玩的人，那段時間卻窩在教室不出門，看到我在桌子前忙，找不到跟我撒嬌的方式，只好要我幫她綁頭髮。

我深深知道她的焦慮，只要她說要綁頭髮，我一定立刻幫忙，什麼都可以等一下再說，孩子的痛苦沒辦法等。那一刻，她很需要陪伴和安慰。我一邊梳著頭髮，一邊跟她聊天，誇獎她的頭髮很美，她昨天的功課做得很好。

在全班去上科任課時，把她留下來，花幾分鐘告訴她：「大人的事情留給大人去處理，婚姻很複雜，生活上很多細節會讓兩個相愛的人有很多摩擦，我們幫不上忙，這段時間爸爸、媽媽可能沒有時間照顧妳，妳只能先把自己照顧好，有任何事情老師都能幫忙，如果半夜有緊急的事情，就打電話給我。」

孩子說不出口，但是會將心裡的焦慮用千奇百怪的行為發出求救訊號。

夫妻之間的衝突，是我幫不上忙的，我所能看顧的，只有眼前不知所措的孩子。孩子所有脫序的行為，都是他們釋放出來的訊號，錯過了、誤會了，很多遺憾就來不及了。

孩子小的時候，父母是他們仰望的天、是依靠的牆，當天崩牆倒時，孩子的恐懼可想而知。

我一直覺得，如果婚姻走不下去了就好聚好散，兩個怨懟的人分開後說不定會造就兩對幸福的人，在處理感情和婚姻、發洩自己情緒的同時，能不能顧慮一下在一邊看著的孩子？

父母吵完和好了，家暴打鬥摔東西的畫面卻永遠留在孩子的心裡。不管是被家暴還是目睹家暴，都將在孩子的心裡留下抹滅不去的傷痕。

過度的愛不是愛

那孩子國中畢業了，畢業典禮一結束，他就回學校來看我。我看到他都快認不出來了，不僅長高很多，原本稚嫩的臉變瘦了，看起來更加帥氣，說話也不像以前畏畏縮縮的，滿臉笑容地與我對答如流。

還記得他在國小時，阿嬤每天陪他上學，提著孩子的書包和餐袋，一邊走一邊罵。孩子上課時，阿嬤只要想到什麼就會衝進教室，有時吼孩子、有時吼老師，也會進教室幫他換衣服、餵他喝水，不時還會順道管一管旁邊的同學，同學們都對這個阿嬤害怕極了。較年輕的老師和學校的行政單位對這個阿嬤一點辦法也沒有，只能任由她隨時踏進教室叫囂。

這孩子到了五年級在我班上時非常自卑，在教室裡隨時都低著頭不敢說話，在班上完全沒有聲音，跟別人說話時眼睛也無法直視對方。其實他的學習能力很不錯，但是太過畏縮，不敢回答問題，不會的事情也不敢問。我總覺得，這孩子的能力被低估了。

五年級剛開學時，要上游泳課，阿嬤又要衝進我的教室。我把她擋在門口，嚴肅地告訴她：「阿嬤，以後請不要進教室去，有事情我會出來，我們在外面講，不要打擾到其他學生。」

阿嬤說：「游泳會感冒，我不會讓他去上游泳課！如果他上游泳課感冒，都是妳害的！」

我告訴她：「阿嬤，在學校有什麼事情我會處理，妳這樣當著大家的面講他、罵他，同學都會笑他，他會覺得不好意思。」「他五年級了，當眾幫他換衣服、餵他吃東西，同學也會笑他的。」「游泳課是教育部規定的課程，他游完後，我們會讓他趕快擦乾身體，喝個熱水就好。妳不讓他去上課，全班都下水，只有他在旁邊看，妳覺得他會有什麼感受呢？」

阿嬤說：「妳好會說話，比以前的老師都還會說話。」我跟阿嬤說：「我不會說話，我講話很直，有什麼說什麼。」

其實我不只不會說話，脾氣還很壞。

從此以後阿嬤沒有再踏進教室，不過還是常常深夜打電話吼我，有時還會叫小孩在旁邊聽她打電話跟我告狀，讓我聽她罵孩子，告訴我：「妳明天要處罰他，他在家裡都不聽我的話……」

六年級要去戶外教學時，孩子紅著眼眶拿同意書給我，「有人說怕我感冒不讓我去……」我牽著他的手告訴他：「老師想想辦法好不好？」我請輔導老師和安親班主任與阿嬤溝通，最後終於讓孩子成行。

阿嬤超討厭我的，在社區裡到處說我兇惡，但比起阿嬤的厭惡，我更在乎這孩子的感受。看到他在教室裡看著外頭叫囂的阿嬤那憤恨的眼神，他被禁止上游泳課和戶外教學時的絕望，真的很讓人心疼。

我知道阿嬤也很無助，她很愛孩子卻找不到方法，擔心孩子就極力限制孩子的行為，但是孩子越大、越有自己的想法時根本管不住。用各種手段防堵孩子長大，所有細心照顧的心力都功虧一簣，在孩子的心裡只留下怨懟和嫌棄。

過度的愛不是愛，不要只想著付出，也要想想孩子的感受。過度的擔憂是害，不要只想著限制，也要想想該怎樣讓孩子保護自己。

孩子國小畢業前，我帶著他參觀新的校園，了解安置的方式，並拜託國中的特教老師好好照顧他。這孩子長大成熟了，國中畢業後還會回來看看我，當他跟我說：「老師，我好想念妳！」的那一刻，那兩年為他做的一切努力都值得了。

把力氣和時間用在重要的人身上，是福氣

發現學生有些狀況時跟家長聯絡，常常得到的反應是：「我工作很忙，真的沒辦法陪著他。」「我們夫妻都忙，所以他從小就很獨立。」「我們晚上要去打牌，她自己會去買晚餐……」事件嚴重到要請家長到學校對話，也常因為家長忙碌無法出席，我們沒能當面討論孩子的狀況。

其實我年輕的時候也是這樣，覺得自己在工作上超重要的，在那個職務上沒有我一定不行，懷孕不敢請假、生病不敢請假，挺著大肚子下著大雨，也堅持要到路口去看導護志工執勤，戰戰兢兢地做著，一年七個評鑑每天加班也要做到每一項都特優。

我一直覺得自己很盡責也做得很好，全校集合時只要我站在前面，近千個孩子鴉雀無聲，井然有序，上司對我的評價一向很高，我做得盡心盡力。

直到有一年宣布工作職位時才發現沒有我的名字，沒有事先的商量和告知，讓我開會時聽到嚇了一大跳，是我做錯什麼了嗎？不是一直誇我很負責認真？是我做不好嗎？為什麼我會被換掉？沒有任何人來告訴我為什麼。

原來空降來一個人指定要我的位置，他只是為了轉換跑道，來了以後常常跟校長出去跑人脈，他不需要到路口去看導護，不需要做評鑑，也不需要站在隊伍前管秩序，不用在學務處當壞人，不需要兼任導師帶班級……一年後換個學校當主任，沒多久就當了校長……

我會做事，卻不懂這些人情世故的彎彎繞繞。

那一年我過得很痛苦，發現以前上司說我認真、加班做的特優評鑑都是假的，得到全國的金安獎是無用的，沒有意義的，我以為自己是重要的，卻可以隨意替換；我以為那個位置是重要的，卻可以擺爛什麼事都不用做。

想想我多年的努力，也不過是別人人脈操作的一句話而已。我用青春努力經營的位置，不過是別人的跳板。

沒有任何工作上的職位是無法取代的。

他走了，我又回到那個位置，也換了幾個職務，直到妹妹出生後，我得要常常請假帶她去大醫院做檢查看報告，放學後排滿各項復健治療，寒、暑假更是排了各項的檢查和開刀，毅然決然地辭去了行政工作，少了行政加給手頭拮据，但是把所有加班的時間用來陪伴妹妹。

我花了幾年經營加班到深夜的那個位置，誰做都沒差，但是沒有人能取代我在家庭中的位置。

誰能像我一樣耗盡所有心力、時間和金錢陪妹妹去早療六年、體操八年、語言治療四年？誰陪工程師夜衝武嶺看日出數星星？誰陪兩個哥哥找到適合的學校度過青春暴躁期？那些年拿到的獎狀、獎杯早不知道塞到哪裡去了，記功嘉獎能換什麼東西？但是妹妹能說能走能自己上廁所，是什麼都換不來的。

在工作上我只是眾多人選之一，那個職位誰做或許都沒差，評鑑沒得獎日子一樣過，但是在孩子的童年缺席了補不上，青春期的偏差拉不回來，夫妻的感情淡了就沒了。

我從來沒有後悔放棄當年那個位置，因為我知道有更重要的位置需要我。

人貴在有自知之明，能夠及早離開不對的位置，把力氣和時間用在重要的人身上，是福氣。

讓一個孩子找回自己

之前去一個學校演講，主任到高鐵站來接我，在車上我們聊了很多，其中一件事是有時主任在行政職太久，接收到老師在教室裡的困難，不知該如何幫助老師解決問題。

他問我，如果遇到情緒障礙、有暴力傾向的孩子該怎麼辦？我跟他分享了一個我曾經帶過的孩子。

有一年，我們學校轉學來一個脾氣非常暴躁的孩子，他曾在之前的學校跟老師、同學發生極大的衝突。他剛轉學來的時候，因為沒有碰過這樣的孩子，大家如臨大敵。果然在第一週狀況連連，每天都有孩子被打傷，導師、輔導老師、專輔老師、學務主任整個團隊神經緊繃，一直在想辦法處理突發狀況。

輔導老師緊急替孩子和媽媽安排了心理諮商，孩子和媽媽都需要很強大的心理支持，輔導老師幾乎是亦步亦趨地跟著心理師了解孩子的問題。導師想盡辦法讓孩子穩定，告訴孩子：「你可以生氣，但是不可以動手。」帶著他學習管理情緒的方法，也花很多時間單獨、分別，或是以團體一起安撫班上的每個同學，讓班級能穩定地接納那個孩子。

導師讓那孩子參加球隊，發洩精力與情緒。那一年我帶的是六年級，我們班上球隊的孩子看到他打人也有些擔心，我告訴他們：「我們是學長，就要有大哥哥的樣子，如果有人刺激他、挑釁他，要出面制止，也要保護自己不要受傷。」

球隊的教練找了兩個情緒穩定的主將來照顧他，那兩個主將在隊上很有人氣，也很有領導能力，在球隊裡有發語權，跟同學們相處起來很融洽。當這樣的領頭羊來照顧一個需要穩定的孩子時，其他同學便不會去刺激他、排斥他，會跟著一起友善對待這孩子。

剛開始每天都是震撼教育，好不容易度過第一個禮拜，大家疲於奔命，情緒和精神都很緊繃；到了第二個禮拜以後，孩子的狀況越來越緩和，衝突漸漸減少；等到第三週，那孩子除了偶爾還是會有些情緒，幾乎沒有再發生衝突了。

輔導老師跟我提到諮商費不夠，我那時有接業配，便請廠商幫我把錢匯入教育儲蓄戶；看到我的 PO 文，一個善心的網友也捐了八萬元到教育儲蓄戶，讓我們安排孩子和媽媽諮商。

一個心裡受過很多傷、被拒絕的孩子，需要用暴力來武裝自己，他需要時間重拾對人性的信任。我看到學務主任、導師、輔導老師們沒有任何人抱怨一句話，也沒有人問為什麼這孩子要轉學過來，更沒有人拒絕這個孩子。當他們看見這個孩子心裡的傷，只是不斷替孩子想辦法，這條路不通，再換另一條，發生狀況就找方法解決。

遇到一個需要幫助的孩子，不是交給導師就好，而是需要很多人、整個團隊的合作幫忙。

導師的接納、同年齡孩子的友善、媽媽的情緒穩定、心理諮商的抒壓……

運用整個團隊合作來幫助孩子，比起任何處罰都來得有效。

後來那孩子安穩地在我們學校畢業了，他上了國中，還拿了全班前三名。

當孩子穩定下來，就能夠安心讀書。

能讓一個孩子找回自己，是多麼讓人驕傲的一件事。

打從心底的喜悅

園遊會那天，我做了五十個三角飯糰，加上幾位家長做的八十個，總共有一百三十個之多。還有一位家長提供了大亨堡和厚片披薩各五十個，另一位家長提供一百顆茶葉蛋，加上我買的三十二瓶可樂，這麼多東西，最後賣到只剩下三個飯糰，真的超強，太佩服我們自己了！

好多學生都回來了，一回來就問我記不記得他們，我才發現自己已經老了，明明認得臉，卻叫不出名字。我帶過十一屆的畢業班，孩子是哪一屆的，跟誰同一班，如今我已經全混在一起，記不清楚了。

一個孩子報了名字後，我赫然想起，「你長這麼高，老師都不認得了！」他跳了起來說：「耶！終於有人發現我長高了！」另一個男孩拿下口罩說：「老師，我是×××呀！」我們緊緊擁抱，我說：「看到你實在太開心了！」他說他也很想念我，我想起當年替他處理很多紛爭，內心百感交集。

一個當年隔壁班的男孩來跟我打招呼，那年因為他欺負我班上的孩子，我去跟他深談過幾次，現在已經長得這麼高大，我還以為他是來尋仇的，沒想到他笑容滿面地跟我打招呼，還向我們班買了個大亨堡和可樂。他說：「老師，妳記得我嗎？」我說：「當然記得呀！超級大皮蛋！」高大帥氣的他笑了起來。

我帶的第一屆畢業的孩子也抱著女兒、帶著老婆來看我，他說：「老師，妳怎麼都沒變？」唉，他都畢業二十年了，我怎麼可能不老？看著他的小女兒，我竟然有當阿嬤的感覺。

一位自閉症孩子的爸爸帶著孩子回來看我，爸爸說：「真的很感謝在每個階段遇到的貴人，這個孩子現在才能這麼好。」當年這孩子和我吃了很多苦，我也從孩子和家長身上學到很多帶特殊孩子的方法，很感謝上天讓我遇到他們一家人。

一位退休多年的老主任經過走廊時被我攔截下來，我這輩子最佩服的人就是這位主任，當年他在學校地位崇高，卻沒有一點長官的傲氣和官威，對人總是謙和有禮，即使對我們這些剛畢業的菜鳥，也總是客氣又有耐心。主任一看到我就跟我擁抱，他說：「妳看起來很開心，氣色也很好，過得好嗎？」

原來我現在讓人看起來是很開心的。幾年前我笑著跟朋友說話時，她告訴我：「妳看起來很不快樂。」我不相信她，「我都大笑了，妳怎麼會覺得我不開心？」原來開心是打從心底散發出來的，真正的開心和強顏歡笑是有區別的。

看到這麼多長大的孩子和老朋友，心裡好滿足，點點滴滴，都是打從心底的喜悅。

沒有人想要學不會

以前總覺得成績不好的孩子不夠努力，我會不斷催促他們進步，有時還會覺得孩子為什麼沒感覺？為什麼不再努力些，盡快跟上大家的進度？

曾經遇到一個孩子，他無法理解數學，國語錯字連篇，成績很差，好幾科都低於平均很多。打電話跟爸爸討論孩子的學習狀況，爸爸不願意讓我們給孩子做任何測驗和評估，但是這孩子很明顯的就是在大班級裡無法學習，需要個別指導，而我卻沒能給他任何需要的資源。

我實在不忍心看他每節下課都在訂正，訂正後又發生錯誤，找他來講解了好久，拿回去訂正後，回來還是錯的。光是一個題目，有時候我們要來來回回好幾次，但他還是聽不懂。

每天的狀況都一樣，我發下批改好的作業後，他的每一堂下課就是努力訂正，除非我要他放下筆去教室外走走，不然他可以整天都坐在教室裡訂正作業，只要我沒有指導，錯了又錯，就真的學不來。

通常我在第一次月考後會評估，如果孩子的進度比較慢，我會希望他把基本的題目學好，複雜的題目選著寫，太困難的題本就別寫了，我以為這就是因材施教。

我找他來，和他說：「這一本題本真的太難了，題目太複雜，我們不要寫了好不好？不要把時間都花在這上面，把基礎題弄懂比較重要，以後我出這個功課的時候，你閱讀一本書來代替，或是老師幫你換一本基礎題目好嗎？」

大部分的孩子聽到可以少寫一本很難的作業，可以不用訂正，都會欣喜若狂，可是這個大男生的眼淚就這樣掉了下來，他說：「我好像一直跟不上吼？老師，我會更認真訂正，讓我繼續寫好不好？」

我告訴他，「老師不是覺得你不好，是每個人的強項不一樣，這一本真的很難，文字敘述太多，花這麼多時間真的不值得。」我心疼他都不能下課，把基礎打好，把那些時間拿來看書，收穫也許會更多。

看著他掉眼淚哭個不停，我也好想哭，這樣努力認真的孩子，卻怎麼也學不會，不想跟別人不一樣、不想比別人差，卻追趕不上其他孩子的進度。我以為減少了這項作業是減輕孩子的壓力，卻讓他難過了起來，比起其他可以讀卻不認真面對課業的孩子，這孩子的處境真的讓我好心疼。

我告訴他，「你回去好好想一想，如果你想要寫，老師陪著你一起寫，如果你也覺得這本作業給你的負擔很重，那麼我每次出這本作業的時候，你可以選一本課外書來看，或者換一本寫，你自己決定，這樣好不好？」

他想都沒想，直接告訴我：「老師，我要繼續寫！」

我們都以為成績差的孩子沒有感覺，其實他們清楚自己跟不上，但是無力翻轉現實狀況。

學不會的孩子，心裡所承受的折磨和壓力，豈是從分數就可以看得出來的？沒有人，想要學不會。

善待孩子，不只是一個人的事

上課時，大家在寫習題，他呆坐在座位上，我過去跟他說：「你會寫哪些題目？計算題嗎？那你現在寫計算題就好。」他終於開始動筆，選擇他能寫的部分寫，十二題裡面他對了十題。如果要他從頭寫到尾，他大概會全部空白。

月考週大家都如火如荼地準備考試，只有他一個人隨時都在放空，我問他：「可以請你幫忙登記成績嗎？數字要寫得很整齊，不然老師會看不懂喔！」他很開心地說：「老師，我會！」他登記考卷時，又有同學主動靠過去，等他登記完幫忙把考卷發下去。

看到他的鞋帶鬆開了，我提醒他要綁鞋帶，他說：「我不會。」我說：「哪有這麼大了還不會綁鞋帶的，真的嗎？」他很認真地點點頭，於是我蹲下來教他，「這樣……你會了嗎？」我要他自己練習一次，才發現他根本就會綁，於是提醒他要打兩次結比較不會掉。沒過多久，又看到他的鞋帶鬆開了。

我發現這是他吸引我注意的方法，於是我直接蹲下來替他綁，打兩次結，我說：「這樣就不會掉了吧？」他笑了笑。沒想到沒過多久，又看到他的鞋帶鬆開了，他大概是我這輩子遇過最常鬆掉鞋帶的孩子了。我問他：「為什麼又掉了？你故意拆的吼？」他說：「我也不知道呀！就掉了。」

其實我很清楚，要拆掉我綁的鞋帶，還需要費一番力氣，怎麼可能那麼容易掉？他一定刻意把鞋帶弄開，然後在我面前晃來晃去。我知道他想要我注意他，我跟他說：「老師一天只幫忙一次，早上綁好不可以拆開喔！如果下午鬆開了，你要自己綁。」果然從那天起，只有早上來學校時鞋帶會掉，我綁好以後可以撐一天，然後隔天又鬆開了。

其他孩子不會有樣學樣，因為如果能從家庭得到關愛，不會透過這樣的方式來討愛，也不會需要我這個老師特別的關愛。

對這孩子的學習，我想了很多方法，但是成效很有限。找輔導老師討論他的學習動力、跟特教老師討論他的學習困難，對於他的問題，我沒能替他找到更多的資源，能做的大概就剩下在他需要的時候停下來，讓他做他能做的工作。

大概是看到我對他的包容和友善，班上同學也都對他很好。

上數學課的時候，孩子們要把課本的附件拆下來組裝成紙盒，紙張有六頁，需要花不少時間拆。一個女孩的動作很快，拆完後立刻走到他身邊去等著，將他撕好的圖卡背面全寫上號碼，一一收進收集袋裡，再把殘餘的紙張拿去回收。

下課時，小老師跟那孩子收科任作業，他還沒寫，小老師彎下腰來耐心地教他，才五分鐘，孩子就把作業寫完交出去了。

班上的孩子從來不會因為他缺交作業或是成績不理想而對他不好，男生們下課會找他一起去玩，女生們也會主動教他訂正考卷，大家都對他超級友善，我從來不需要處理他作業的問題。

在他遇到困難的時候幫助他，孩子們就會跟著對他伸出援手；在他需要愛的時候照顧他，孩子們就會在意他的感受；讓他做擅長的事，他會知道自己是有能力的，孩子們會知道，老師是在乎他的，不能隨意對待他。

一個需要愛的孩子，會透過各種方式來討愛。

友善一個孩子，全班的孩子都會看著、學著、照顧著。善待一個孩子，從來不只是一個人的事。

從學習中得到成就感

兒子念國中時，以全班第二名的成績畢業，考上了高中體育班。但上了高中後，國文竟然考二十分，高一上學期結束的時候沒有一科及格。他說他很想讀書，但是不知道自己在讀什麼，不知道上學的意義是什麼？沒有學習的環境、沒有學習的動力，面對自己的課業，他也很痛苦。

在高一快結束的六月，他告訴我他想要休學。我很擔心，問他能不能把高一讀完？他說他一天也不想再待下去。如果離開學校以後該怎麼辦？體育班讀了十年，很多該學的都沒有學，要重新面對學業，需要很多努力和勇氣，但是再多的困難都比不上當時他的絕望。討論過後，我們決定放棄學籍，用前一年的會考成績重新入學，找到一所他的成績可以就讀的高職，從高一重新讀起。

六月休學以後，他把自己關在房間裡，把窗簾拉起來，整個房間暗無天日，不跟任何人聯絡、不跟我們出門，就這樣關了整整兩個多月，終於開學重新到學校去了。從玩手遊到凌晨、一整天上課都在睡覺玩手機，轉換到管理嚴格以升學為目標的高職，我擔心他不能適應，煩惱到頭髮都白了。還好我們遇到一個很棒的導師，耐心陪伴他度過適應期。只要遇到狀況，老師會耐住性子跟他談、跟他討論喜歡的書、從兩百字的作文開始讓他寫、在他情緒波動的時候跟他聊天，就連我和兒子冷戰時，老師也不斷開導他。

兩年多來，他只要有狀況，我就會跟老師聯絡，老師從來沒有一句抱怨，也從來不跟我告狀，只告訴我，「我知道了，媽媽別擔心，交給我處理。」

高二有一天，他興匆匆地拿著考卷給我看，「妳看，我是全班最高分的！」我以為是他拿手的數學，沒想到是他曾經最討厭的國文。

從二十分到九十四分，從厭惡絕望到為自己的努力雀躍，我開心的不是他的分數，而是他找回了學習的動力，在學習中得到成就感，知道自己不是前導師口中的「廢物」。

環境當然很重要，我很慶幸當時陪著他休學，毅然決然到了這個學校。人生中的一個轉彎，可能改變孩子一生。

當一個孩子信任老師時，老師教什麼，他就學什麼。遇到一個正向的老師，孩子的負面情緒都被帶往正向；當一個環境友善得讓孩子能夠好好學習時，孩子就能回到他原本的樣子。

不要讓孩子的學習，只剩下撐下去。

遇到一位這樣的導師，把我厭世、絕望的孩子拉回來，我想我一定是上輩子拯救了世界。老師，謝謝您！

Chapter

04

做一道照亮自己
也照亮別人的光

在縫隙裡等著光照進來的人

加拿大歌手李歐納．科恩說：「萬物皆有裂痕，那是光照進來的地方。」也因為有不同的裂痕，所以每個人透出來的光都不一樣。

在人生最低潮的時候，每天寫出來的文章都是眼淚，我一邊寫一邊哭，看一遍哭一遍。有一位網友告訴我：「妳是公眾人物，妳有社會責任。」我當時滿生氣的，我哪算是什麼公眾人物，又沒有因為寫臉書而賺錢，為什麼需要背負社會責任？後來發現好多和我有相同處境的人，會看著我的文章跟我一起難過、一起努力，如果我沉溺在悲傷之中，這些朋友就會跟著我一起難過。

幾年前，花蓮早療中心私訊給我，當時有一個企業辦了投票活動，讓有需要資助的機構規劃企劃案，在網路投票，票數最高的就能得到補助款項。早療中心說他們跑台東和花蓮兩個地方早療的車已經過了年限，很想獲得這筆款項來換一輛安全的車。我每天幫忙轉發，最後早療中心得到第一名，票數遠超過其他專案，沒想到最後得到資助的是另一個機構。最後我自己捐了錢，也號召大家一起幫忙，才短短兩天，我們就為早療中心募了六十萬，終於能順利買了早療車。

我那時才知道，自己有這麼大的號召力，能跟很多人一起為辛苦的孩子盡一份心力。

有一位朋友曾傳訊息給我，說她也有一個遲緩的孩子，早療了一段時間都沒有進步，孩子沒有自理能力，非常挫敗又難過，她很想放棄，想結束生命，她說：「在搜尋輕生的方法時，看到妳的文章，大哭一場，打消了輕生的念頭，我覺得也許可以為了孩子勇敢下去。」

早療真的是一段漫長看不到終點的天堂路，有很多時候會懷疑自己是不是在做白工，為孩子擔心，急著想要讓她跟上進度，卻在她身上看不到一點進步。周遭親友的眼光、找不到幼稚園願意收、領了身心障礙手冊……每一件事情，都讓人絕望至極。

我看了很心疼，也很慶幸自己當時有把帶著妹妹復健的過程、這之間心情的轉換，以及妹妹從全面性遲緩到現在能夠自理又快樂的一切記錄下來。只要能改變一個想放棄的媽媽，每天努力寫文章花的心力就值得了。

「萬物皆有裂痕，那是光照進來的地方。」

這句話是不是很美？我們何其有幸，做那一道可以照亮別人的光。

別羞辱犯錯的孩子

記得在幾年前，有一天放學時我當總導護，正在整隊，聽到一個媽媽在全校的隊伍旁對著女兒大罵，吸引全校孩子的目光，我急忙趕過去了解狀況。

原來是小女孩跟同學借了東西沒有還，趁著媽媽來接小女孩時同學跟那媽媽告了狀，好幾個同學當著那孩子的面你一言我一語的，告訴媽媽：「她拿了我的……她偷了我的……」

媽媽生氣極了，當著全校孩子們的目光，伸出手就要給那孩子一巴掌，在她要出手打那小女孩的同時，我搶先一步把孩子攬在懷裡，跟媽媽說，「不要當著同學的面給孩子難看，這樣會讓孩子沒面子。」媽媽氣不過繼續大罵：「她老是跟別人要東西、偷東西！」我跟媽媽說：「我們請老師幫忙處理在班上發生的事情，妳不要在這麼多人面前罵她，全校都在看……」

我記得自己國小四年級的時候，每天練完球肚子好餓，看見同學都有零用錢可以買零食，真的好羨慕。家裡有六個孩子，媽媽張羅我們的生活所需就很辛苦了，我根本不敢跟媽媽要零用錢。

有一次鼓起勇氣，寫了張紙條跟男同學要零食，我忘了他有沒有給我，但是我記得他趁著運動會的時候，把紙條交給了我媽媽……

當下不知道媽媽跟他說什麼，回到家，媽媽只把紙條拿給我，一句話也沒說。隔天開始，媽媽每天給我五塊錢，讓我可以在餓的時候買個麵包吃。

媽媽拿那紙條給我的時候，我好羞愧，比起大罵我讓我更了解自己的錯誤。媽媽那溫柔的理解，讓我從此沒有跟別人要過東西。

很感謝媽媽在同學面前維護我的尊嚴，也很感謝媽媽在我犯錯時看見我的需要，孩子很多的行為背後都有原因，找出原因，幫助他、教育他，而不要羞辱他。

在班上我也常常看到孩子跟別人要東西、借東西，如果是需要，我會寫聯絡簿請家長幫忙準備，如果家境不好無法提供，我會幫孩子想辦法。如果是想要，我會提醒孩子跟別人要東西時，別人的想法和對他的觀感，還有該如何處理自己想要的感受。

我也跟所有的孩子說，在學校的事情要先請老師處理，而不是在家長來的時候，跟無法了解整個過程的家長告狀。

每個孩子都會不斷犯錯，在犯錯的過程由處理的人身上習得處理的方法，當眾大罵他，會讓他只看見恐懼，會影響其他同學對這個孩子的態度，卻沒辦法學會犯錯時正確的處理方式。

別羞辱犯錯的孩子，他需要的，是了解、是教育、是方法。

喜歡別人，是再自然不過的事

有一次上課時撿到一張紙條，意外發現大家在傳著某個女孩喜歡某個男生。我問了事情的經過，也問他們：「為什麼她不能喜歡這男生呢？」

這樣的傳言沒有處理，很快的大家的評論就會失控。

我跟全班的孩子討論：「喜歡、欣賞美好的事物是很正常的一件事。」「這男生的桌子、書包、衣服都乾乾淨淨，每一件該做的事情都做得很好；因為搭親戚的車上學，以前常常遲到，但是他有想辦法解決，現在很少遲到了，我最欣賞這樣會解決問題的男生。他認真完成每一份作業，成績也進步很多；他體貼善良，我看到下課的時候如果有人去找他問數學，他都會耐心地回答；他的EQ超好，從五年級到現在我沒有看過他發脾氣，就算犯錯了老師提醒他，他也接受改過，從來不會有不耐煩的樣子……」

一口氣細數了這男生的很多優點，這樣的男生，為什麼不能喜歡？我也喜歡呀！因為他的這些特質，班上所有同學都對他很尊重，很喜歡他。

再說說班上每個孩子，這個女生很喜歡挑戰，看起來她的行程超滿的，但是只要學校有活動，她第一個就報名參加，最重要的是，只要她自己選擇的，都很認真把事情做好。另一個參加球隊的男生超認真，每天一來學校就把事情做好，八點一到就去參加球隊訓練，沒有一天缺席。還有一個讓我很喜歡的女孩，每次寫作業遇到問題就會來問我，遇到任何困難一定想辦法解決，而不是去抄答案，參加科展、電腦研究小組這麼忙碌，但是從來不抱怨，把負責的事情都處理得很好……

我們班這麼多人值得喜歡呀！

每個人都有喜歡別人的權利，但是對方也有選擇的權利，有可能他現在選擇專心讀書，有可能他有喜歡的人，有可能現在身邊的同學他都不喜歡……我們都應該要尊重每個人的選擇，不是喜歡一個人那個人就是你的，「如果有十個人都喜歡他，那他是誰的？」

喜歡誰是自己的權利，但是選擇喜歡的方式很重要，讓別人喜歡的方法也很重要。你欣賞擁有這些特質的人，跟這樣的人在一起很開心，那他會欣賞哪些特質的人？別人跟你相處開心嗎？

老師在高中的時候認識師丈，那時候他已經是大學生了，在我的眼裡他什麼都做得很好，羽球、排球、桌球都打得很好，衣服乾乾淨淨、對人很客氣、對朋友很好、讀書也認真。而我才高中，後來大學沒考上，我覺得自己差他一大截，所以努力重考上大學，他後來當了工程師，我也努力當一個老師，我一直想要變成更好的人，可以跟他站在一起，可以讓他喜歡。

所以不用去嘲笑或是批評誰喜歡誰，也不能因為兩個同學相處比較開心就把他們湊成一對。我國小的時候最好的朋友是一個男生，我們每天一起上學、下課一起玩，我也沒有跟他結婚呀！我很懷念那個好朋友。有喜歡、欣賞的人是很正常的，把自己照顧好，把該學的學好，跟同學好好相處，讓自己變成更好的人，就能遇到最好的人。

青春期的孩子有喜歡的人很正常，陪伴他們正向地去看待「喜歡」這件事，也不斷提醒互相尊重的重要。每個人都有喜歡的權利，也有選擇的權利，要尊重每個人的意願，要選擇適當的表達和相處方式。

跟孩子們說完隔天，其中一個參與議論的孩子在日記上寫著：「我現在覺得她喜歡那個男生很正常，因為我也覺得他是一個很棒的男生，做什麼事都很負責，我也很喜歡他！」

我把自己升級得這麼好、這麼帥，他怎麼能不愛……

唯有教育，才能讓孩子懂得保護自己

曾經帶過一個小三的孩子被就讀高中的表哥強暴、小五的女孩被媽媽的男朋友性侵、一個男孩被姊姊的男同學用物質引誘後每天陪睡、另一個孩子被單親爸爸壓在床上磨蹭、小六的哥哥闖進小五妹妹正在洗澡的浴室，我在懷第一個孩子去產檢的時候，在婦產科遇到一個國一的孩子去做流產手術……

無意間在孩子們的聊天中，發現那男孩有很多他的家庭沒辦法給的東西，因此頻繁到熟識的大哥哥家去過夜。我找孩子來聊天，一點一點地試探才發現，那大哥哥用電腦、麥當勞卸除孩子的防備心，跟大哥哥一起睡覺、一起洗澡，甚至有更親密的動作。我通報後，接到無止境的恐嚇電話，大哥哥的父母輪番打電話要我不要誣衊他們已經三十幾歲天真又善良的兒子……

那女孩看到我就哭，告訴我媽媽的男朋友對她做了很恐怖的事情，我跟媽媽說的時候，媽媽怒斥那孩子，說孩子在說謊，男朋友最愛的是她，不是想引誘她的女兒。

一個畢業多年的女孩傳訊息問我，男朋友想跟她發生關係，還說她只要不答應，就是不愛他。孩子不敢跟父母說，只能求助國小老師，於是我告訴她，「如果妳不願意，他就必須尊重妳，如果不願意他就要跟妳分手，這樣的渣男只在乎自己的需要，卻沒有顧慮妳的感受，這種人早點分手比較好。」我也告訴她，務必要保護自己的安全。

每一次我都覺得很不可思議，像是看八點檔連續劇一樣，活生生的故事，就在我的眼前上演，我無法理解這麼小的孩子們竟然會受到這樣的傷害。

每一次的傷害我都立即通報上級、阻止惡行，甚至讓那些無恥的惡徒得到法律的制裁，接下來則是無止境的輔導和教育。但是，在事後的所有動作，對孩子來說都來不及，那些傷害永遠都在孩子們的心裡。

性教育重不重要？到底性教育能做什麼？我們能讓孩子懂得侵犯他人是不

對的，哪些行為、哪些接觸就是侵犯，讓孩子有警覺心，懂得求救、懂得拒絕。

不讓孩子承受平時的侵擾，到事情發生了，才知道原來這個叫做性侵。

性教育應該讓父母自己教？在國小、國中的性侵案中有多少是親人所為？有些父母自己都沒有性教育的概念，我們要教育的、要保護的不是只有我們自己的孩子，而是所有的孩子，尤其是那些家庭功能不彰的孩子，他們可能從小受到侵犯，長大了才懂得憤怒和求救。真的阻止不了孩子們發生性行為，那有沒有足夠的知識來保護自己不要懷孕、不要得到性病？

現在的網路真的太方便，隨便一個關鍵字就能看到限制級的影片和圖片，最親近的父母和老師應該要負起教育的責任，關心孩子們上網的情形、接觸的網友。我們用正確的態度和觀念教育孩子，一定比網路上沒有經過篩選規範的訊息來得正確。我們避而不談，孩子只能從網路上自己搜尋，不知道看到的會是什麼。

我從來不避諱任何問題，只要孩子提問，只要孩子的周遭能看見的、新聞

上吵得沸沸揚揚的案件，我都直接跟孩子討論。要了解自己的身體，知道別人會想什麼、做什麼，孩子才能保護自己。

這就是真實的世界，我們不知道壞人是誰，不知道惡行什麼時候會發生，遇過這麼多的遺憾，我不想再看見孩子們的眼淚和難以挽回的傷痛。用開放的方式跟孩子對話，讓他們知道我們是可以談的，我們永遠會保護他們，對孩子們的表情、情緒、家庭背景、交友狀況瞭如指掌，觀察孩子們平時的情緒和憤怒表現，就能在孩子有些微狀況時出手相救。

每一次面對加害者我雖然害怕，還會受到威脅怒罵，但必須挺身而出。我不是勇敢，不是喜歡教性教育，而是只有教育才能讓孩子懂得保護自己。

千萬不要覺得孩子還小不用教，因為壞人，從來不覺得我們的孩子年紀小。

生活充滿選擇，用心經營就對了

那天看到一篇文章，說一個巨蟹座老公因為自己的惰性讓婚姻遇到很大的困難。底下的留言寫著：「巨蟹座的男人就是又摳又懶」、「巨蟹座的老公只愛家不愛妳」……

我抬頭看看我家巨蟹座工程師，他是真的摳，一雙鞋穿了好幾年捨不得換，十幾年前買給他的外套還在穿，只要不是跟我一起吃飯，一個便當就當早午餐。

但是他對我們很好，我一次買幾雙鞋、幾件洋裝，他從來不皺一下眉頭。出去吃飯時，如果我要去結帳，他會說他剛領薪水，掏出他的錢包搶著付錢。兒子需要電腦、球拍、球鞋只要告訴他，他立刻帶孩子去買，從來不會拒絕。我的手機壞了，他立刻上網訂購，隔天包裹就送來了。暑假我替自己和孩子一口氣買了三輛檔車，都是他陪著我一起去看車、買車，完全支持我。

他一點都不懶，每天早上六點準時起床餵貓，幫我泡茶，上樓曬衣服才出門，從竹科回到家都晚上八點了，匆匆吃完飯又上線開會到十點半，洗完澡洗衣服、清貓砂、洗貓碗、倒垃圾……每天做好多家事。到了假日，就帶著我到處去看日出、看海浪、走步道、吃美食，像個過動兒停不下來。

有一次我煮水餃，水放太少，水餃皮全破了，只好加些青菜、雪白菇，淋上蛋花，把水餃煮成水餃皮湯。看著那鍋白花花的湯，我覺得很不好意思，他卻說：「是湯餃耶，很好吃呀！」連我煮成那樣一鍋不知是什麼的東西，他也從來沒有嫌棄過，捨不得我傷心。

巨蟹座的男人愛家，會把家庭放在第一位，對家庭有責任感，對家人很大方，只要他覺得是自己的工作，從來不會推託。

我想又摳又懶應該和星座沒關係，和習慣養成與夫妻互動比較有相關，如果都沉溺在手機，怎麼會有時間做家事？我們夫妻倆在家裡的分工很清楚，彼此合作互相幫忙，他比較晚回家的時候，我會幫忙餵貓；他快遲到的時候，我會幫忙曬衣服；我煮飯，他會幫忙去買菜；我吸地板，他會幫忙清貓砂。

如果有把對方放在心上，兩個人的互動親密，又怎麼會又摳又懶？不管是大人小孩、男人女人，為對方付出都會希望能收到回應，只要有得到認同和稱讚，就會做得很起勁，照顧對方更周到。

要把另一半變成暖男或是又摳又懶的負心漢，是自己的選擇。與其怪罪星座和血型，不如用心經營婚姻，找出問題、改變習慣，把對方放在心上去疼惜。

之前去北宜看日出，我們站在路邊看風景時，被拍重機追焦照的攝影師拍了下來，兩個半百老人沒有追風照，只能在路邊看看雲，謝謝攝影師幫我們留下紀念。希望十年後，我們還能這樣一起去騎車，一起看日出、看雲海。

哭完了就擦乾眼淚

回想起從前，當時覺得過不去的難關，現在已經感受不到當時的絕望了。這是歲月告訴我的事，原來很多事情撐過去就沒事了。

每個人都會犯錯，有些人對於自己的失誤很寬容，卻容不得別人的一絲過錯。很多人不認識也不想認識你，只是闖進你的生活，批評一句就轉身離開。他們不知道你做了什麼，也不想知道你做了什麼，解釋再多都不能改變這些人的想法。

面對這些人，及時封鎖，隔絕他們的惡意，彼此活在平行線就好。不是我不夠大度，有些人就是不值得被原諒。惡人自有天收，或許我們看不到對方的報應，但是上天總會還你公道。別為了他人的錯誤傷害自己，把自己過得更好，就是給對方最好的報復。

每個人都只有一輩子，有人專注在批評別人，有人專注在實現夢想，自己可以決定生命的價值。

哭完了就擦乾眼淚，痛過了就拍拍灰塵，生命的前方還有很多事情等著去完成。

我承認過去所犯的錯誤，也不否定曾經做過的努力，時時反省，改善錯誤，從此專注地完成目標，把時間花在我愛的人身上，不再為惡意的批評浪費時間和心力。

慶幸自己現在能吃能睡，住喜歡的房子，開喜歡的車，為責任努力，陪著孩子長大，此外父母健在，姊妹、弟弟健康，晚上還有工程師相擁而眠。

回頭看，留下來的都是美好。

留住與孩子相處的每一刻驚喜

我從小就跟嚴肅的爸爸很疏離，因為他的脾氣很壞。在家裡，只要看到他，我能躲則躲、能閃則閃，連看電視時都不敢坐在他旁邊。

當我需要幫忙時，一律找媽媽或是自己處理，我不敢問他，也不敢麻煩他，生怕一個不小心就會被罵，因此就算在外面闖了禍，回家也不敢說。

高中時，我在學校總務處打公文賺零用錢，假日時還去服裝店打工，晚上十點半才下班，每次坐公車到山下都已經十一點多了，我也不敢打電話請爸爸接，只能硬著頭皮走暗黑的山路回家，一邊走一邊跑，常常被自己嚇個半死，生怕壞人還是怪物突然跑出來。

因為打工交通不方便，我偷偷買了摩托車，開始學騎車。剛開始學，難免會摔車，但我也不敢讓爸爸知道我受傷，隔天照樣忍痛出門上學。上大學時，第一次去花蓮，也是自己坐火車帶著大包小包，把生活所需的用品帶到花蓮去，騎著偷買的 Dio 從學校周邊開始認識，熟悉每一條路。

以前的孩子大概都是這樣長大的，自己一個人摸索嘗試，獨立處理該面對的所有問題，有很多人生中驚心動魄的一刻，爸爸肯定到現在完全不知情。我很慶幸自己當時沒有闖太大的禍，不然出了事，爸爸一定最後一個才知道。

印象中爸爸從來沒有讚美過我，我的前面有三個名列前茅的姊姊，我的成績從來就沒能讓他滿意，現在只感謝他也不是尖酸刻薄的人，至少沒有因為我的不優秀而不留情地批評我，他只是默默看著不說話。

我很喜歡詹姆士的《請問詹姆士》這本書，雖然是食譜，但除了製作料理的訣竅之外，我也好喜歡書上寫的人生小故事，其中一篇他寫到做菜給爸爸吃，爸爸回答的一句「還可以啊！」竟然讓他記了半輩子，到現在不曾忘記。

一個知名的大廚，有多少人稱讚過他做的菜，沒想到他印象最深刻的讚美，卻是爸爸的一句「還可以」。能夠得到嚴肅又不擅言詞的父親一句肯定，讓人得到很大的成就感。

我們都不要當孩子最親近的陌生人，不要吝嗇給孩子肯定和讚美，別因為工作忙碌缺席孩子成長的過程，不要等到年老時，想不起孩子成長的任何一刻驚喜。

你的爸爸，對你說過讓你印象最深刻的又是哪一句話呢？

值得留下來的理由

看到女歌手離世的新聞，想起自己曾經也很想離開這個世界，那是一種不知道走下去還有什麼意義的絕望。

妹妹小一時，我受到很嚴重的傷害，突然覺得一切的努力都是白費。我像是一個笑話，不管做什麼，貼在她身上的標籤就是撕不下來，無知的人要剝奪她的受教權，要用異樣眼光看她，我卻無能為力，感覺自己是一個無能的人。

好長一段時間，我以淚洗面，每天哭個不停。

不斷想著要帶她去哪裡結束這個痛苦，又想著如果我自己走了，她一個人該怎麼辦呢？工程師有辦法接送三個孩子嗎？把她帶走對她公平嗎？如果工程師再娶，後母會不會欺負她呢？

太多的牽絆，讓我無法下定決心，只能每天放學後去外木山，躲在車子裡放著悲傷的歌曲，盡情地大哭，直到該準備晚餐的時間，擦乾眼淚去接妹妹，等哥哥們和工程師回家吃飯。

期末在四樓監考，我像籠中鳥一樣在走廊來回走著，心裡浮現一個念頭，好想往下跳、好想往下跳……

這時突然看到，妹妹的教室就在對面的二樓，如果她看到我離開的樣子一定會很難過吧？今天晚上哥哥們練球回家沒有晚餐吃怎麼辦？

現在回想起來，我與生命的終點大概只差這一個念頭。

我無法告訴悲傷的人不要傷心，無法告訴憤怒的人要原諒沒有悔意的人，但是我很想告訴那些灰心喪志的人，我好慶幸我有活下來，因為那一刻沒有跳下去，才能看到這孩子用自己的方式努力著。

一個連注音符號都認不全的孩子，在她的手寫板上寫下她最愛的「戴資穎」姊姊的名字。

難過的時候，不要只看著想跳下去的地方，要看看那些眼中有我的人。

離開那個傷透心的地方，那個讓我連氣都喘不過來的地方，抬頭看看雲、看看樹，看看家裡可愛善良的孩子，到海邊吹吹風，接受自己悲傷的情緒，盡情哭一場，然後回家緊緊擁抱深愛的人。

如果當年一了百了，現在的美好我都看不見。

看不到妹妹的進步，看不到哥哥們考上大學，看不到工程師帶我騎車經歷的風景。

當然有過不去的時候，但是總有方法活下來，這世界總有值得我們留下來的理由。

明天太陽依舊會升起

有一次演講結束後，一個媽媽一邊哭一邊跟我說：「不知道該怎樣養大孩子、要怎樣教孩子？要選擇哪個學校才好？讀特教班會不會被嘲笑？上國小遇到不願意接受他的老師怎麼辦？」感覺媽媽很挫敗、很焦慮，不知道該如何幫助孩子。

我握著那媽媽的手，告訴她：「別擔心，已經鑑定安置了，就把心安下來，所有的安排都是最好的安排，擔心都沒有用，只能陪伴著。我家妹妹的入學何嘗不是我深思熟慮的安排？想再多都沒用，還是遇到爛老師，就真的是躲不過，等到遇到問題，我們就去處理就好。」

也曾經遇到一個多重障礙孩子的爸爸，焦慮地說著看不到孩子的進步，孩子的狀況讓他幾乎夜不能眠。

我也想起妹妹頻繁就醫、評估、復健的那段日子，我疲累又沮喪，常常覺得情緒低落。

一位朋友無法理解我的感受，總覺得這些就是我該做的，就是要努力去做，不應該有任何怨言。「小孩是妳生的，妳當然要負完全的責任。」我也不是不想做，就是體力透支，因為大醫院的復健都在白天，讓我每個學期的假單都填滿了，面對上司給的壓力、妹妹很差的狀況，我身心俱疲，好累呀！

那時有個同事也有生病的孩子，從出生到國小不知道開過幾次刀，她告訴我，「不管現在多痛苦，小孩都會長大的，這些都是過程。妳現在做得很好，慢慢的就會發現妳的努力是對她有幫助的，妳的心要堅定。」

那時，我很難理解這樣的想法。當時妹妹的生長曲線是百分之負三，眼睛重度遠視，中耳積水每年開刀，全身軟趴趴，最難過的是腦部灰質過少，她每一餐都吃得極少，又吸收不良，走路搖搖擺擺，發展跟一般孩子差了一大截，不知道這樣的孩子到底要怎麼長大？

我找不到方法幫助妹妹，有時看著沒有進步的妹妹，覺得自己是做白工。只能不間斷地早療、上體操課，但是現在妹妹長得真好，身高是全班數一數二高的，生長曲線已經到百分之八十五了，一餐可以吃掉十二顆水餃，一盤燉飯連一口都不剩，可以跑、可以跳，口語表達能力很好，生活自理能力也很好，貼心又善良，每天都開心地去上學。

我曾經以為她活不了、走不動、沒辦法好好說話，到現在她有這麼多的進步，我這輩子最大的成就，就是這個孩子呀！

每次遇到身障孩子的照顧者，我都很想給他們一個緊緊的擁抱，告訴他們：

「孩子都會長大的，我們的努力，總有一天能在孩子身上看見，那些一路上的風涼話、指責、批判、傷害、不認同……全都不重要，現在經歷的種種，都是讓孩子長大、讓自己變得勇敢的必經過程。」

再怎麼困難，明天太陽依舊會升起。

忍耐不能讓惡意停止

放學時當總導護老師，看到一個壯碩的孩子在行進間不斷用胸膛撞前面同學的書包，一邊笑鬧著，前面的同學則緊緊皺著眉頭。

我立刻請他們兩個人停下來，我問那位同學在做什麼？他說：「我在跟他玩呀！」我說：「你覺得你在玩，他也覺得在玩嗎？」他說：「是啊，我們就是在玩！」

我轉頭問被撞的同學：「你在跟他玩嗎？」同學搖搖頭。我說：「那請你告訴他，我沒有要跟你玩。」同學轉過頭去跟他說：「我沒有要跟你玩，請你不要撞我。」

我跟孩子說：「走路時這樣撞很危險，你覺得好玩，但是對方不這麼覺得，這就不是玩，是欺負人，你想玩也要顧慮到對方的感受。」

太多霸凌都是這樣開始的，一個人覺得好玩，把對方當玩具在玩，只考慮自己覺得有趣，沒想過對方不舒服。被迫「一起玩」的孩子有很多考量不敢反抗，被欺負卻沒反應，玩耍的力道越來越重，次數越來越頻繁，甚至揪同學一起來玩，就成了霸凌。

除了教育任意欺負別人的孩子，也要教育被欺負的孩子，對方的行為讓你不舒服時要勇敢拒絕，要是沒辦法拒絕，要學會跟老師和家長求救，才能遏止對方的行為。

在學校裡，對一個我不認識的孩子，看見他被欺負我都會直接介入，更不用說是我班上的孩子，在球隊裡被威脅了、受委屈了，我一定會出面處理，欺負的人說是開玩笑，如果處理的老師也當作開玩笑，被欺負的孩子就會被當作玩笑。

不能讓孩子習慣被任意對待，忍耐不能讓惡意停止。

繼續走下去

這幾年遇過幾個父母離異或喪親的孩子，留下來的一方還很年輕，會有新的對象，這對相依為命、還不停懷念著離去親人的孩子來說，是一大震撼。

或許是因為媽媽臥病很久以後才離開，那孩子在媽媽過世時，從外表完全看不出任何情緒，也因為這樣，我特別注意她的各種反應，常常把她叫到身邊來陪我做事。

那孩子的爸爸跟我聯絡，說他交了女朋友，可是孩子一直都跟女朋友相敬如「冰」，看起來是沒辦法接受，爸爸不知道該如何是好。

和孩子一起整理二手衣時，我和她閒聊，刻意轉入話題，但是只要提到爸爸的女朋友，她的臉色就變了，連叫聲阿姨她都不願意。她說：「爸爸都跟那個女人出去，她有時候還住在我家！」

我輕鬆地問她：「妳覺得十年後妳會在哪裡？」她想了想，「應該在讀大學吧！」「那妳會不會開始交男朋友？」她靦腆地笑了笑，「應該會吧！」「交了男朋友以後，可能就會結婚，就會搬出去跟老公一起住，對嗎？」

「那十年後爸爸幾歲？五十幾歲了耶！很老了，那時候要交女朋友容易嗎？等到妳結婚搬出去，他就得一個人住、一個人過，很孤單哪！還是妳不要交男朋友、不要結婚，陪他一輩子？」

孩子似乎從來沒有想過這個問題，眼睛張好大地看著我，搖搖頭。

「爸爸現在已經四十幾歲，尤其是他有妳這麼大的孩子，要找女朋友真的不是那麼簡單，好不容易找到一個互相喜歡的人，如果錯過這個人，妳覺得他能不能再找到喜歡的人呢？不簡單，對不對？」

「爸爸也很需要有人陪，但是他很在乎妳的感覺，很希望妳能跟他的女朋友好好相處，他工作那麼忙，想跟這個阿姨一起照顧妳。阿姨不是來搶爸爸的，而是和爸爸一起照顧妳的，妳願意給這個阿姨一個機會嗎？她對妳好嗎？如果不是真的很討厭她，試試看接受她，釋出善意好嗎？」

孩子聽得淚流滿面，閉起眼睛點著頭，我摟摟她。我想那是說不出來的感受，一邊想念著因病過世的媽媽，一邊又覺得好像要為爸爸著想，得去接受一個即將代替媽媽位置的人。

這些話如果由爸爸來說，孩子完全聽不進去，可是孩子在老師面前，不是那個想霸占爸爸所有愛的孩子，可以冷靜地思考老師說的每一句話。

每一次只要跟她獨處，我就問問她和阿姨的相處，聽到她假日開心地跟爸爸和阿姨出遊、阿姨買東西送她、跟她一起逛街。我想，孩子終於把心結打開了，試著踏出關鍵的一步了。

不管人生遇到什麼挫折，都得要繼續走下去，尤其是孩子，沒辦法想得太深太遠，有時身邊的人幫一點忙，拉他一把，他就不會走得這麼痛苦，不會糾結在過不去的關卡。

每一天，都是重新的開始

凌晨時分，把前一天的挫敗寫完，我決定忘記這一切，重新開始新的一天。

到學校後，開心地跟每個孩子打招呼，那幾個前一天被我盯得緊緊的孩子都在遲到前一刻到了教室。我深呼吸一口氣，有來就好。

其中一個動作向來很慢的孩子，幾分鐘就把聯絡簿抄完，我跟他說：「你怎麼寫這麼快？是吃了什麼嗎？動作超迅速，字也寫得很整齊，是開了外掛吧！」「來，趁今天動作快，寫幾頁國語習作，我看看你開外掛有多厲害！」我當著全班的面誇獎他，後來他一整天速度都很快。

我跟他說：「輔導老師說他的小團輔教室中午很需要你幫忙，你願意去當小幫手嗎？」他開心地說「好」。下課時，他跑來問我：「老師，我可以幫忙擦黑板嗎？我可以幫忙發作業嗎？」我跟他說：「謝謝你，你超棒的！都願意幫助同學。」

另一個寫母親節作文已經奮戰第二天的孩子，我找他過來，請他說說跟媽媽之間的互動。他生病的時候，媽媽怎麼照顧他呢？跟媽媽一起最開心的一件事是什麼？覺得媽媽最辛苦的事是什麼？先讓他說一遍，就像是說故事給我聽一樣，說完以後，我請他寫在稿紙上，終於在放學前寫到只剩下一行。

寫得出來就好，先給他一些幫助，之後再來調整內容和速度。

上國語課的時候只剩下最後五分鐘，我點名請另一個孩子唸課文，他大聲不滿地問我：「為什麼？」我說：「因為我想聽你唸呀！」他說：「容我拒絕……」全班哄堂大笑，我說：「大俠，你是從古代來的吧？」旁邊好幾位同學想替他解圍，舉手說：「老師，我幫他唸。」我對著他說：「可是我好想聽你唸課文，你可以唸給我聽嗎？」我以為他會像平常一樣當作沒聽到，結果他竟然拿著課本一字不漏、字正腔圓地把那一段課文唸好了。即使已經下課了，全班還是安安靜靜地聽他唸課文。一唸完，我和全班的孩子都用力替他鼓掌。

我說：「你唸得真好耶！」

下課後，他在教室裡跳起舞來，看起來心情非常好，中午吃飯也超快速，雖然臉上還是沒有任何表情，但是我可以感覺到他的心情一定很好。想起心理師說他一年級時在教室裡跟同學完全沒有互動，活在自己的世界裡，就覺得他真的進步好多。

買了縐紋紙讓孩子們做康乃馨，全班都很專注，其中一個孩子做了一個花戒指要我戴上，他在我面前跳舞，「老師妳看，這是我送妳的母親節禮物，很美吧？」吃飯時，一個孩子放音樂，好幾個男生隨著旋律跳起舞，實在太可愛了。

帶高年級的孩子就是這樣痛苦並快樂著，常會陷入與孩子們拖拉奮戰的挫敗中，整個班級籠罩在低氣壓中；但也可以選擇每天重新開始，忘掉前一天的不愉快，去欣賞孩子的努力，用微笑面對他們的時候，他們也用微笑面對我。

我沒有把拖延症孩子帶好的特效藥，只能耐心地陪著他們。

每一天，都是重新的開始。

發現孩子的無助

那女孩留著一頭濃密的長髮，又黑又亮的，但是就連上體育課、天氣炎熱的夏天，她都不願意把頭髮綁起來，看到她黏在脖子和臉上的亂髮，汗水順著頭髮滴下來，總覺得特別難受。

上課的時候，她會抓起頭髮捲著玩，有時拿來聞，有時拿來放進嘴裡，同學會用異樣的眼光看著，我很擔心這樣會影響她的人際關係。

剛開始，我總是好聲好氣地提醒她把頭髮綁起來，可是同樣的提醒講了十幾二十次，我這沒有耐心的壞脾氣就爆發了，便會加上兩句：「妳怎麼都講不聽！」即使每天被我唸，她還是沒有養成綁頭髮的習慣，依然披頭散髮來學校。

生氣，是因為自己沒有想到辦法呀！

有一次幫妹妹買髮飾的時候，我也替那孩子選了一個髮飾、一支梳子。隔天到教室時，又看到她的披頭散髮，我沒有再唸她，而是直接請她過來，替她梳了頭髮，在漂亮的馬尾綁上送給她的髮飾，那孩子驚訝又開心，一整天笑咪咪的。

之後她每天都綁著那髮飾，我會誇獎她：「妳今天綁了頭髮，看起來好清爽！妳的髮質真好！」她偶爾湊過來找我，「老師，我的頭髮散了，妳可以幫我綁嗎？」我從來沒有拒絕她，用她專用的梳子幫她梳順頭髮，提醒她梳頭髮的幾個重點，要怎樣才能把馬尾梳得高高的，不只如此，綁好馬尾以後還可以編上辮子，我也教她從兩側梳上來綁公主頭，告訴她：「哇！這樣好好看！好適合妳呀！」責罵並不能讓她養成綁頭髮的習慣，一個幾十元的髮飾、幾句讚美和一點注視，那孩子再也沒有披頭散髮，每天把頭髮梳得整整齊齊、漂漂亮亮的。

我發現她的數學很不錯，上課時刻意去看看她寫的習題，公開讚美她：「妳在數學一定有天分，全部都寫對了耶！超強的！」很神奇的，頭髮整齊了，成績也進步了。五年級上學期，她什麼都要人提醒，畢業時卻綁上漂亮的頭髮上台領了獎。

跟她姊姊的導師聊天才知道，她的父母工作忙碌，每天早出晚歸，兩姊妹從小就自己起床、自己打理上學，我班上這孩子因為我的規定每天準時到校，還能把一頭長髮洗得乾乾淨淨的真是太難得了！姊姊每天遲到，也是披頭散髮，講都講不聽，姊姊的老師問我：「怎麼有辦法讓妹妹每天綁頭髮？」

責罵真的沒有用，沒有可以幫忙的大人，孩子只承受著像唸經一樣每天重複的提醒，卻沒有能力改變現狀。一個小禮物，加上方法和示範，帶著孩子去體會改變的可能。當孩子有做到時，用心看見、開口讚美，就能強化孩子努力改變的意願，很多好習慣就這樣養成，壞習慣就改掉了。

我不怪為生計奔波的父母，如果有其他辦法，他們一定不想放下熟睡的孩子出門工作。把重心放在需要幫助的孩子身上，願我們都能發現孩子的無助，找到協助孩子的方法。

善待在乎你的人

桌遊課的時候，我發現有個孩子跟好朋友常常會有一些小衝突，只要有意見不合或是玩輸了，她就會皺起眉頭、雙手抱胸，非常不開心的樣子。剛開始，朋友會慢慢哄她，但是次數多了，雙方就僵持不下，整組停擺。

觀察過幾次，她們在分組做報告時也常常有衝突，同學也頻頻抱怨。我趁大家都去上課時，把她單獨留下來談了幾分鐘。

我問了她有哪些好朋友，再問她：「如果是妳，妳喜歡『妳』這個朋友嗎？」她想了很久說：「不喜歡。」我問她為什麼？她說：「我常常發脾氣，常常對她們大聲說話。」我說：「妳有沒有發現，妳對別人都很客氣，只有對著好朋友的時候會常發脾氣？」她想了想，點點頭。

我說：「我們都一樣呀！」

「在對我好的人面前都很任性，想生氣就生氣，都覺得別人要對我最好，但是我們有對他們最好嗎？妳看妳對我這麼客氣，不會給我一點臉色看，但是想想我們都是怎樣對待對自己最好的人？」

「我是一個很難交到好朋友的人，脾氣太壞、太直，又主觀，所以妳看我下課是不是都待在教室，從來沒有出去跟別人聊天？除了輔導老師，幾乎沒有人來找過我？」

「我只有輔導老師一個朋友呀！所以我對她最好，在她遇到困難的時候想辦法幫忙她，在她生氣的時候我跟她一起生氣，從來不給她臉色看，我們有意見不合的時候會盡量溝通。」

「我很謝謝輔導老師喜歡我，當我的好朋友，如果把她氣走了，我就沒有朋友了呀！」

「因為太珍惜得來不易的朋友，所以會收斂自己的脾氣，因為在乎對方的感受，說話會思考後再說出口，不要一時衝動就造成誤會，即使意見不一樣也會尊重對方的想法。不一定都是我對，我會靜下心來想想對方的意見，我自己有沒有需要調整的地方呢？」

「能夠有好朋友不容易，要珍惜呀！像我這樣好不容易找到一個朋友，如果讓好朋友受不了我的脾氣，被我氣走了，後悔就來不及了。」

「我也很在乎我的老公和孩子，所以我會對他們很好，做事、說話的時候都想想他們。」

「老師真希望妳能有好朋友，妳再想想看，妳想要朋友怎樣對待妳，妳要怎樣跟好朋友相處？」

我把我的經驗和這位孩子分享，希望她也能夠善待留在她身邊那些在乎她的人。

付出的愛，孩子都知道

有一年，隔壁班有一個男孩，炎熱的天氣裡，不管什麼時候他都穿著厚厚的外套，怎麼樣也不願意脫掉。我們一起去戶外教學，大家都熱到把能脫的都脫了，他還是緊緊穿著那一件外套，讓我最無法忽視的，是他眼裡的漠然。

偶然在走廊上遇到他跟他打招呼，有時他直愣愣地看著我，有時他視而不見、不發一語。我問了他的導師：「他都不說話嗎？」導師說他幾乎不開口，尤其是老師問話他也都只點頭或搖頭，只跟特定的一、兩個孩子互動，一整天常常坐在座位上。

跟輔導老師討論過那個孩子，孩子的家裡有很多狀況，他沒有受到家暴，但是家境困難，我請輔導老師拿一些衣服和物資給他，但全部都被他拒絕了。

或許是成長的過程中有太多的傷害，他對大人無法信任，防備心非常重。

把衣服包得緊緊的、嘴巴閉得緊緊的，眼神避免跟人對視，那是一種多麼無助的保護自己的方式？

有一次，在收畢業旅行的費用時，我問同事有哪幾個孩子沒有繳費，其中就包含了這個孩子。孩子說他不想去，老師一直問不出真正的原因，他就只是搖頭或點頭。

我們請了他好朋友的阿嬤幫忙問，孩子跟阿嬤說，他很想去，可是家裡的經濟狀況很糟。孩子在家裡也是沉默寡言，幾乎都不跟家人說話，他覺得家裡一定付不起，因此連問都不問，直接跟老師說了不想去。

那阿嬤隔天請孫子帶著錢來幫這孩子繳了費用，我們要把錢給阿嬤，阿嬤卻說她困苦急難時曾經受到很多人幫助，她這次也要幫助這孩子。阿嬤窮苦一輩子，第一次可以幫助別人，阿嬤也覺得好開心。

我和輔導老師都好感動，我們當時都只希望阿嬤能把自己和孫子照顧好，沒想到在我們需要幫忙時，阿嬤卻替我們解決了難題。

後來，已經高二的他回學校來，第一個就來找我，竟然笑著跟我侃侃而談，我好驚訝地問他：「當年我跟你說話，你都不理我耶！」他笑著說：「其實我有看到妳跟我打招呼，也知道妳關心我，但是我說不出口，謝謝妳。」

當下我好感動，他應該走出人生的陰霾了吧？曾經的沉默和武裝，其實都是自我保護的機制。每個人可能都有說不出的苦，但我們付出的愛和關懷，孩子其實都知道。

所有的努力只為妳

我帶的班級升上了小六，開始做畢業班的各項準備：畢業旅行招標、畢業紀念冊、資優班、各項專長特殊班級、特殊生的轉銜……有很多工作需要處理。

我家妹妹升上國三，她的表達能力越來越好，卻越來越讓人心疼。她這一屆國小畢業時遇到疫情，沒有畢業旅行、沒有畢業典禮，她對於錯過這些成長中重要的過程感到遺憾，想著疫情終於結束，她也能迎來人生第一場畢業旅行。

她說：「媽咪，國小沒有畢業旅行，國中也沒有，我能順利念高中嗎？」「我好想去海大附中學烘焙，這樣我們以後就能一起烤蛋糕，開甜點店！」

我連這些一般孩子不需要擔心的問題，都沒辦法幫她處理，總是有各項更重要的理由和藉口，直接略過她的感受作了決定。

面對這種不管做什麼都無法改變的無力感，讓我難過生氣了好幾天，每天晚上窩在工程師懷裡想到就掉眼淚。我跟妹妹說：「沒關係，媽咪帶妳去畢業旅行，帶妳去想去的地方、看想看的風景。媽咪幫妳找家教老師帶妳練習題目，我們想辦法考上海大附中，只要妳想讀，我們就想辦法讀。」

她說：「那考不上怎麼辦？我也沒有烘焙的證照。」我說：「考不上我們就不讀了，直接去學烘焙，媽咪有蛋糕和麵包的證照，可以開店，等妳學好，媽咪就把工作辭掉，陪妳開店，讓妳當甜點店的店長。」

看到她終於開心地笑了，我終於能一覺到天亮。

她就是我心裡的那條底線，講什麼冠冕堂皇，說什麼考量，拿什麼來搪塞，沒有把孩子放在心上，對我來說都不過是避責的舉措。每個人都有不同立場和想法，我一概尊重接受，既然決定了，我不會再做任何爭取，沒有心強迫不來。

但是我能為其他孩子做的，卻不能奢望妹妹有，這是我心裡放不下的結。

妹妹，有我在，妳想做的一切，我會盡全力來幫忙妳。我所有的努力，只為換來妳無憂的笑容。

國家圖書館出版品預行編目資料

孩子的不凡，來自你的不厭其煩 / 神老師&神媽咪（沈雅琪）著. -- 初版. --
臺北市：皇冠, 2024.3 面；公分. --
(皇冠叢書；第5143種) (神老師作品集；2)

1.CST: 教育 2.CST: 文集

ISBN 978-957-33-4122-2 (平裝)

520.7 113001697

皇冠叢書第5143種
神老師作品集 2

孩子的不凡，來自你的不厭其煩

作　者一神老師&神媽咪（沈雅琪）
發 行 人一平　雲
出版發行一皇冠文化出版有限公司
台北市敦化北路120巷50號
電話◎02-2716-8888
郵撥帳號◎15261516號
皇冠出版社(香港)有限公司
香港銅鑼灣道180號百樂商業中心
19字樓1903室
電話◎2529-1778　傳真◎2527-0904
總 編 輯一許婷婷
責任編輯一張懿祥
美術設計一Dinner Illustration
行銷企劃一鄭雅方
著作完成日期一2023年11月
初版一刷日期一2024年3月
初版五刷日期一2024年7月
法律顧問一王惠光律師

讀者服務傳真專線◎02-27150507
電腦編號◎578002
ISBN◎978-957-33-4122-2
Printed in Taiwan
本書定價◎新台幣350元　港幣117元